D1942610

Georg Strickrodt

Stiftungen als urbildhaftes Geschehen im Gemeinwesen

Nomos Verlagsgesellschaft
Baden-Baden

CIP-Kurztitelaufnahme der Deutschen Bibliothek

Strickrodt, Georg:
Stiftungen als urbildhaftes Geschehen im Gemeinwesen / Georg Strickrodt. – 1. Aufl. – Baden-Baden: Nomos Verlagsgesellschaft, 1984.
ISBN 3–7890–0986–5

1. Auflage 1984
© Nomos Verlagsgesellschaft, Baden-Baden 1984. Printed in Germany. Alle Rechte, auch die des Nachdrucks von Auszügen, der photomechanischen Wiedergabe und der Übersetzung vorbehalten.

Inhaltsverzeichnis

III. Wagnisse in der Selbständigkeitsbehauptung und Eigenausstattung - Interessenbedingtes nach Stiftungsarten

IV. Idealtypisches in der Welt der Rechtstatsachen kraft Entfaltung der Stiftungsidee

V. Orientierungshilfen für die Bestimmung der Grundwerte und zur Gewaltenteilung im Gemeinwesen durch das Stiftungsbeispiel

Vorwort

Dem Stiftungswesen in diesem Lande durch Gründungsanregungen und Satzungsvorschläge nützlich und hilfreich sein zu wollen, ist kaum der dabei aufzuwendenen Mühe einer einschlägigen Wissenschaft wert. Einerseits wissen Gründer und Mäzene aus ihrer persönlichen Situation und ihrer Welterfahrung meistens selbst sehr gut, was sie in solchen Fällen wollen oder sich doch als wünschenswert vorzustellen haben. Für gesellschafts- bzw. kulturpolitische Appelle zum Stiften und Schenken gibt es genug Gelegenheit und auch dazu qualifizierte Autoritäten.

Was jedenfalls durch eine systematische Strukturanalyse des Stiftungswesens für dessen Beurteilung gewonnen werden könnte, ist noch kaum hinreichend erörtert worden. Zuerst geht es hier um eine konsequente Unterscheidung bei den rechtlichen Ausgestaltungen des Stiftungshaften, denn sehr häufig wird das Wort Stiftung nur als Bezeichnung für eine Leistungsabsicht und einen Geltungsanspruch verwandt, nicht aber wird damit die Rechtsform selbst zuverlässig gekennzeichnet. Dann kommt es sehr auch auf die Ausstattung und Gewährleistung der Stiftungsverfassung in ihrer wesenseigenen Struktur und mit ihrer dem Gemeinwesen verpflichteten Uneigennützigkeit an.

Wenn allerdings die Zeichen der Zeit für das Stiftungswesen in seiner gesamthaften Bedeutung verstanden und gewürdigt werden sollen, dann ließe sich nach den wechselvollen politischen Erfahrungen von nunmehr dreieinhalb Jahrzehnten dies sagen: Sowohl von den Repräsentanten des Stiftungswesens in Deutschland als auch von den diesem durchweg mit einem recht tiefgehenden Verständnis begegnenden Verantwortungsträgern des Staates sollte das in der Öffentlichkeit jetzt weithin verbreitete Wohlmeinen in dieser Hinsicht dazu genutzt werden, dem Recht der Stiftung in allen seinen Aspekten einen angemessenen Ausdruck zu geben. Dies ist nicht nur Sache der Eigenbedeutung dieses reich instrumentierten Rechtsinstituts, sondern zugleich auch der von diesem bis in die Verfassungspraxis hinein sinngebend motivierten Rechtsordnung selbst.

Darmstadt im Herbst 1983 *Georg Strickrodt*

I. Stiftungsselbstbekundung im Zeitgeschehen der Gegenwart

1. *Zwecksetzungs- und Sachwertkomplexe unter Widmungsaspekten*

Die Vielfalt der Erscheinungen und Bestrebungen, die sich in einer Öffentlichkeit jeglicher Art mit dem Wort Stiftung, - allerdings vorwiegend aus einer jeweils eigenen Veranlassung Beteiligter, - verbindet, kann nicht mit Hilfe eines einzigen umfassenden und auch noch dazu wohl gegliederten Begriffs in der Rechts- und Gesellschaftsordnung, aber auch nicht auf eine rein dogmatische oder abstrahierende Weise zur Darstellung gebracht werden. Da in einem die freie Initiative der Bürger gewährleistenden Rechtsstaat keine Veranlassung besteht, bestimmte Gestaltungsvorgänge allein ihrer selbstgewählten Benennung wegen zu fördern oder zu beschränken, ist der Gebrauch der Stiftungsbezeichnung als in allen solchen Zusammenhängen freigestellt anzusehen, die nicht ganz bestimmte gesetzlichen Anforderungen an eine Namensgebung knüpfen oder aber in Sonderfällen dem Mißbrauch Grenzen setzen müssen. Somit wird erst aus einer eindringlichen Befassung mit den sich als solche darstellenden Vorgängen des Stiftungswesens überhaupt, - hier schon der Eindeutigkeit der gegenständlichen Darstellung wegen auf Verhältnisse in der Bundesrepublik beschränkt, - Schritt für Schritt auch eine sachverhalts- und definitionsmäßige Abgrenzung des Realkomplexes Stiftung hervorgehen können.

Mit einem ersten Schritt der Annäherung an die Stiftungswirklichkeit im Selbstverständnis der hierbei maßgeblich Beteiligten kann dem Aspekt der Widmung, unter dem das stiftungshaft Gewollte vorstellungsmäßig auftritt, Aufmerksamkeit zuteil werden. Was so aus bereits Vorhandenem gewonnen und im stiftungshaften Widmungsakt in neue Zusammenhänge eingeschleust wird, das sind vorwiegend Sachwertkomplexe im ganzen Umfang des Vermögensbegriffs, also auch Anwartschaften auf künftiges Vermögen.

Jedoch sind auch Zwecksetzungskomplexe als stiftungshaft widmungsfähig anzusehen, insofern nämlich solche Verhaltensweisen eine Bindung erfahren, zu denen sich unmittelbar Beteiligte verpflichten oder die unter einer dominierenden Zwecksetzung in Zukunft von diesen erwartet werden können. Darunter sind ideell motivierte Dienste sehr unterschiedlicher Art zu verstehen, von der Krankenpflege bis zu gutachterlichen Leistungen von hoher Qualifikation.

Dieser für alles Stiftungshafte maßgebende Widmungscharakter gibt Veranlassung, nicht vorweg schon irgendwelche sich in dieser Weise anbietende Leistungen vom Wohlwollen der Öffentlichkeitsorgane und -meinungen auszuschließen, etwa weil Zweifel an dabei kundgetanen Absichten der Uneigennützigkeit oder an effektiver Gemeinnützigkeit bestehen könnten. Bis in ein letztes Prüfungs- und Beurteilungsstadium möglicher Bewährung im Gemeinwesen als in einem überragend Ganzen hinein sind, dabei auch in vor- und sogar urbildhafter Hinsicht (V), deshalb alle durch ihr eigenes Widmungsverhalten ausgewiesenen Stiftungsbegebenheiten vom Konzept einer ihrerseits prinzipiell orientierten Stiftungspflege und -rechtspolitik mitzuumfassen.
Dies würde, im weitesten Umkreis der Stiftungsgestaltungen, auch dem Spendenwesen, vor allem in seinen durch besondere Vorhaben ausgezeichneten Werbunginitiativen, zugute kommen und damit sogar dem besonderen Rechtsinstitut Sammelvermögen, bis zu sachgerecht ausgewiesenen Treuhandverhältnissen hin, zu qualifizierten Ausgestaltungen verhelfen können.

2. *Die Gründungsbehauptung – Tragweite und Bewährungserfordernis*

Der Widmungsaspekt, der allem Stiftungshaften eigen ist, kennzeichnet dieses hinsichtlich seiner Gegenstände und weist dabei über den Gebrauch von Sachmitteln hinaus auf die mit diesen verbundenen, für das Ganze einer solchen Gründung maßgeblichen Verhaltensweisen hin. So stellen sich denn auch viele Stiftungen insbesondere beim zur Gewohnheit gewordenen Vollzug der ihnen jeweils gesetzten Zwecke selbst als vorwiegend vermögenshaft widmungsorientiert dar. Damit hängt es zusammen, daß eine heute noch häufig anzutreffende Definition der Stiftung diese schlichtweg als ein rechtlich verselbständigtes Zweckvermögen behandelt. Wenn damit von den drei Kostituierungsmomenten der Stiftung die ersten beiden, nämlich Vermögen und Zwecksetzung, auch in ihrer engen Verbindung miteinander deutlich gekennzeichnet werden, so tritt doch das dritte, mit dem bloßen Hinweis auf die rechtliche Verselbständigung eines solchen Zweckvermögens, nicht in seiner vollen Bedeutung als dessen Eigenorganisation hinreichend veranschaulicht hervor. Die Folge davon ist die Neigung zu einer beliebigen Verfügung über altersanfällig gewordene Stiftungen, wie sich dies in der Geschichte des Stiftungssterbens im Regimewechsel und bei Inflationen immer wieder gezeigt hat, – was aber auch schon zur Geringachtung der Stiftungsindividualität beim politischen Umgang mit Vermögen und Zwecksetzungen sogar unter rechtsstaatlich einigermaßen abgesicherten Verhältnisse führen konnte.

Hinzu kommt bei einer solchen Definitionsverkürzung um das eigenständige Organisationsmoment sogar noch die Beschränkung des Rechtsschutzes für gründungshafte Widmungsvorgänge auf in einem engeren Sinne zivilrechtliche Tatbestände, nämlich bloß auf die Rechtsfähigkeit als juristische Person. Was dabei nicht als im vollem Sinne personifiziert, sowie als mit Vermögen und Zweck ganz individuell ausgestattet vorgestellt wird, kann dann in mehr rechtsgeschäftlichen Zusammenhängen von oftmals nur schwer zu bestimmender Artikulierung und Schutzfähigkeit unbemerkt aufgehen. Gerade bei den sich in mancherlei Weise unter Selbstberufung auf ihren Stiftungscharakter darstellenden Leistungsgebilden, in weiten Bereichen einer mehr von Initiativen als vom Formzwang geprägten Gesellschaft (II 1), kommt es jedoch für deren Bestand und Erfolg ganz wesentlich darauf an, daß die Vorstellung von einer individuellen Gründung in allen sich für diese ergebenden Situationen durchgehalten wird. Dazu kann auch eine den Zweck und möglichst sogar die Trägerschaft deutlich kennzeichnende Namensgebung viel beitragen, sogar um den dafür insgesamt nötigen Respekt zu wecken.
Die Gründungsbekundung weist über das Widmungsgeschehen durch die Behauptung ihrer Willenshaftigkeit hinaus. Immer noch wird ein Pfahl eingeschlagen und werden Grundmauern gelegt, wenn es im Medium von Recht und Gesellschaft zur Stiftung kommt. Diese Wortbedeutung selbst hat die Gründung in ihrem Vollzug durchzutragen. Damit wird der Wille des Gründers geehrt und eine Vorstellung von dem nunmehr selbsttragenden Gebilde Stiftung anerkannt. Hiervon hängt ganz wesentlich das künftige Schicksal der Gründungskonfiguration ab.
Zur Entstehung einer als juristische Person selbständigen Stiftung bedarf es ohnehin eines förmlichen Rechtsgeschäfts, des Stiftungsgeschäfts, das nicht nur einen konstitutiven Charakter hat, sondern auch mit den Mitteln der juristischen Auslegungstechnik für alle während des Bestehens der Stiftung auftretenden Zweifelsfragen so zum Sprechen gebracht werden kann, daß der in der Stiftung verkörperte Gründerwille maßgeblich bleibt.
Dieser kann so über Jahrhunderte hinweg eine individuell präzisierende Bedeutung behalten. Hierfür ist es allerdings wichtig, daß so viel wie nötig und möglich von diesem, insofern dann verselbständigten Willen eines nicht mehr maßgebend Anwesenden, – in Streitfragen aber sogar noch während der Lebenszeit eines Stifters, – schon in den Gründungsbekundungen zum Ausdruck kommt. Absichtsbekundungen dieser Art können den Akt der ersten Schritte in der Öffentlichkeit begleiten und auch in Testamenten könnten sie ihren Platz beanspruchen. Es ist darüber hinaus wünschenswert, sie sogar in Form einer Präambel zur Stiftungssatzung jederzeit präsent zu haben. In diesem Sinne stellen sie bei Konfliktsfällen oder beim Verfall der eigenen Hand-

lungsbereitschaft einer Stiftung für diese ein Bewährungserfordernis dar, dies insbesondere zur gerade bei einer solchen abstrakten Personifizierung stets so bedeutsamen Identitätswahrung.
Bei rechter Würdigung des heute aktuellen Stiftungsgeschehens unter dem in diesem konstitutiven Doppelaspekt von Widmung und Gründung - realisiert als Objekt-, Zweck- und Willensträgerverkörperung - läßt sich, sogar noch vor einer unterscheidenden Kennzeichnung der besonderen Phänomene heutiger Stiftungswirklichkeit (II), die generelle Feststellung treffen, daß es überhaupt keine begründeten Zweifel an einer in der Rechts- und Gesellschaftsordnung maßgeblichen Struktur der Stiftung zu geben hat und insofern auch nicht von einer Situation der Existenz- oder Bedeutungskrise in diesem Betätigungsbereich privater Initiative und öffentlicher Gewährleistung gesprochen werden kann. Offenkundig werdende und auszuhaltene Wagnisse im Stiftungsbereich und bei einzelnen Stiftungsarten bedürfen ohnehin einer jeweils eigenen Behandlung (III).

3. *Das Beurteilungsinstrument der uneigennützigen Funktionsträgerschaft - Aktuelle Anlässe*

(a) Das Stiftungsgeschehen wirkt sich in weiten Bereichen von Staat und Gesellschaft, im Kultur-, Wirtschafts- und Sozialprozeß so vielfältig impulsierend und dazu auch als selbst angemessen instrumentiert aus, daß keine ausformulierte Realdefinition der Stiftung vorweg gegeben zu werden braucht, sondern mit Hilfe von in diesen Zusammenhängen ihrerseits mehr elementar wirksamen Ordnungsvorstellungen ein eigener Erkundungs- und Markierungsweg beschritten werden kann. Dabei sollte die Beurteilungsabsicht jedoch vor allem auf einen in der Welt der Rechtstatsachen zu veranschaulichenden Idealtypus Stiftung gerichtet bleiben (IV). Die mit Stiftungsabsichten umgehenden und sich auf Stiftungsqualitäten berufenden Betätigungen stellen sich allerdings auf den ersten Blick insgesamt als ein Dickicht nur schwer zu entwirrender Verhältnisse dar. Um nicht ohne Not und ungeprüft wesentliche Teile davon beurteilungsmäßig preiszugeben, wird auf das Ganze gesehen mit einer Bündeltheorie zu arbeiten sein, die zunächst erst einmal mehr locker miteinander zu Betrachtungs- und Beurteilungszwecken verbindet, was sich unter Aspekten uneigennütziger Widmungen oder doch entsprechender leistungshafter Sondergestaltungen selbst schon darbietet. Im fortschreitenden Verdeutlichungs- und Unterscheidungsprozeß sollte es im Stiftungswesen dann zu Komplexentflechtungen in den Leistungsgebieten sowie zur Individualisierung der Trägerschaften kommen können.

Die hierbei als kritische Sonde zur Anwendung zur bringende Ordnungsvorstellung mag zunächst als mehr thesenhaft postuliert erscheinen. Indem diese aber als Erkundungsinstrument in die Geschehenskomplexe unmittelbar eingeführt wird, kann sie sich sogar ihrer eigenen Unterscheidungsfunktion nach bereits als ein Sinngebungsgebilde auswirken, das rechtlich zum Idealtypus, darstellungshaft zur Physiognomik hinweist.
Jedenfalls aber geht es dabei um so etwas wie ein ideenhaft gegebenes, – dies sowohl im Sinne eines entschlußhaft beschrittenen Weges als auch in dem eines Angebots zu mehr zweckgerichteter Bedienung als Instrument. Indem diese Unterscheidungsqualität als diejenige einer funktionalen Trägerschaft bestimmt wird, kann an eine wissenschaftlich bewährte Klassifizierung angeknüpft werden, die den Stiftungen gemäß ihren sie jeweils maßgeblich kennzeichnenden Aufgabenstellungen ohnehin schon den Charakter einer bestimmten Trägerschaft zuerkennt, wobei diese auch im Sinne einer solchen von übernommenen Rollen in der eigenen Betätigung verstanden werden. So ist es ohne weiteres einleuchtend, daß eine für ihre speziellen Dotierungs- und Förderungsaufgaben mit einer kapitalmäßig zu pflegenden Vermögensmasse ausgestattete Stiftung dieserhalb als Kapitalfondsträgerstiftung bezeichnet wird und sich demgemäß einzurichten hat. Die nach Anstaltsart mit den ihrem spezifischen Benutzungszweck angemessenen Sacheinrichtungen ausgestatteten Stiftungen werden als Anstaltsträgerstiftungen bezeichnet werden können, wenn diese Einrichtungen von stiftungseigenen personalen Kräften unmittelbar für den ihnen gesetzten Zweck in Gebrauch genommen werden. Als Unternehmensträgerstiftungen können solche Sach- und Leistungszweckgebilde verstanden werden, die sich im Wirtschaftsprozeß mit ihrer stiftungshaften Ausstattung und Zwecksetzung gleich anderen Unternehmen zu betätigen haben. Eine vierte sich durch die Lebenspraxis als Beurteilungskategorie empfehlende Stiftungsart ist mit Funktionsträgerstiftung bezeichnet worden, weil hierbei die Sachmittel- und Kapitalausstattung in ihrer Eigenart zurücktritt hinter die jeweils in ganz besonderer Weise qualifizierten personenbezogenen Leistungen, die von den Stiftungsorganen selbst oder unter deren Verantwortung und Auftrag von Dritten zu bewirken sind, so wie es der besondere Stiftungszweck gebietet.
Mit dieser Betonung der besonderen Leistungsfunktion der Stiftungsorgane ist eine Kennzeichnung getroffen, die auch bei den anderen drei genannten Stiftungsarten jeweils mehr oder weniger weitgehend die Maßgeblichkeit des personalen Faktors betont; doch treten bei diesen die an Sachen und Einrichtungen gebundenen Leistungsqualitäten, gerade auch im Sinne der jeweiligen Zwecksetzung, deutlicher hervor. In jeder Stiftung ist jedoch die Funktionsträgerschaft das zentrale Bewegungsmoment.

(b) Könnte sich nun diese Funktionsträgerqualität am beispielhaftem Phantom besonders deutlich demonstrieren lassen, dann würde damit sogar ein Ariadnefaden für die Wanderung durch das Dickicht in der Stiftungslandschaft gefunden sein. Hierfür werden Beispiele gewählt, die zunächst noch eine mehr projekthafte Bedeutung haben mögen, so daß mit deren Nennung noch kein eigener Normierungsrang in den unverkennbar immer auch von mancherlei besonderen Geltungsansprüchen getrübten Beurteilungs-und Bewertungsverhältnissen des Stiftungswesens verbunden sein müßte. Als Beispiel: Von weltanschaulich und interessenhaft neutraler Seite wird zum Zwekke des gewährleisteten Schutzes der Persönlichkeitsrechte von leistungshaft Selbständigen dem hierfür exemplarisch qualifizierten Verfassungsorgan eine Stiftungsinitiative nahegebracht, die nicht mehr aber auch nicht weniger als eine dreifache Abschirmung des ideellen und immateriellen Nachlasses von Wissenschaftlern, Schriftstellern und im öffentlichen Leben tätig gewesenen Zeitgenossen bezweckt. Dieser Schutz richtet sich nicht nur gegen willkürliche Verfügungen kraft des Eigentums an Nachlaßgütern, sondern auch gegen Verfügungsansprüche aus speziellen Organisationskreisen mit manipulierbarer Mehrheitsdominanz, wie sich diese unter mannigfaltigen sowohl berechtigten als auch angemaßten Fach- und Projektkompetenzen ergeben können. Schließlich hat eine solche Abschirmung auch gegenüber den sich kraft öffentlichrechtlicher Organisationsgewalt, etwa in Instituts- und Hochschulgremien oder mit den sich in diesen etablierenden Verfügungsambitionen, selbst autorisierenden Eingriffen in Nachlaßeigenrechte zur Geltung zu kommen. Mit diesem dreifachen Ausschluß von Beherrschungsmacht - also kraft Eigentumsverfügung, gemäß Mehrheitskombinationen in Personenvereinigungen und aus politischen Organisationskompetenzen, - ist für eine Trägerschaft aus reiner Zweckbestimmung bereits die juristische Person der Stiftung im Sinne ihrer integralen Selbständigkeit definiert. Die besondere Zwecksetzung einer angemessenen Nachlaßvorsorge läßt sich satzungsrechtlich auf entsprechende letztwillige Verfügungen abstimmen.
Verwaltungskosten könnten dabei durch eine genaue Abgrenzung der stiftungseigenen Tätigkeit niedrig gehalten, sie könnten dazu auch durch Beiträge Beteiligter gedeckt werden, wenn nicht allein schon eine publizitäts- und überwachungswirksame Registrierung zur Zweckverwirklichung genügen sollte, also eine besondere gegenständliche Verwahrung bei der Stiftung unterbleiben würde. Dabei ließe sich noch mancherlei an Stiftungsdiensten unter Kostendeckung angliedern, wie beispielsweise eine sowohl biographisch als auch leistungsthematisch aufschlußreiche Bestandsaufnahme von Nachlaßbibliotheken. Die ihre Unabhängigkeit dokumentierende Eigenorganisation einer solchen Stiftung ist von deren Gründern in üblicher Weise sowohl

nach der Seite der Nachfolgerauswahl für die eigenen Organe, als auch mit personalen Unvereinbarkeitsregeln unter Mitkenntnis einer beteiligungsfähigen Öffentlichkeit zu gewährleisten (II 5 d).

(c) Um die besondere Bedeutung derartiger Sicherungsvorhaben für eine orginär personenbezogene und damit einen etwaigen Machtmißbrauch meidende Ausgestaltung der modernen Organisation wissenschaftlicher Praxis noch näher zu kennzeichnen, seien zwei weitere zur Erörterung stehende Vorhaben erwähnt.
Im einen Fall geht es um die Unabhängigkeit und zugleich um die in einem hohen Maße leistungsorientierte Qualität der Herausgeberschaft und der Schriftleitung von auf den Kompetenzgrenzen mehrerer Disziplinen und in Richtungskonflikten von wissenschaftlichen Schulen und von aktuellen Weltanschauungen stehenden Fachzeitschriften, speziell von solchen mit hoch entwickelten Ansprüchen an Literatur- und Forschungsreferate. Schon allein mit diesen Gefährdungsmomenten für Objektivität und Neutralität sind besondere Regelungskonzeptionen angedeutet, die sowohl dem privaten Eigentumsgebrauch als auch der Beschränktheit enger personaler Gruppierungen und dazu den Machteinflüssen aus Hochschul- und Institutshierarchien und -plebisziten unüberschreitbare Schranken einer gewährleisteten Eigengestaltung entgegenzusetzen vermögen (II 5 c).
Des weiteren sind in den Diskussionen über die Gründung staatsfreier Hochschulen, - dabei aber zugleich auch unter Vermeidung von institioneller Verbandsmacht in der personalen Struktur von Lehre und Forschung, - Ideen entwickelt werden, die sowohl den notwendigen Anstaltsbereitstellungen ihren eigenen Bereich lassen, als zugleich auch der Selbstorganisierung wissenschaftlicher Leistungsträger in ihrem konkreten Themenangebot eine neue Chance bieten sollen. Eine solche durchaus personifizierte Kollegienstruktur läßt sich durch stiftungsrechtliche Vorkehrungen zu voller Unabhängigkeit entwickeln (II 3 c).
Was aus einer konkret gefaßten und gestalteten Funktionsträgerschaft so dem Stiftungswesen an zeitgenössischen Aufgaben, angesichts einer öffentlichen Urteilsbildung im Sinne einer aktivierten Entscheidungshilfe, effektiv gestellt werden kann, das läßt sich an mancherlei hierfür bereits getroffenen Vorkehrungen ablesen, für die sogar je nach Anlaß und Ausstattung schon die Stiftungsbezeichnung gebraucht wird. Als Beispiel stehe hier eine in den USA auf den Gebieten gesamthafter Existenz tätige Institution: Die U.S. National Science Foundation in Washington.
Für die deutsche Öffentlichkeitsszene wird es darauf ankommen, solche Bereitstellungen, etwa bei Themen der Friedensforschung, der energiewirt-

schaftlichen Vorsorge sowie bei allen von futurologischen Momenten tangierten Orientierungsnöten, in der Sphäre gesicherter Glaubwürdigkeit, also der Unabhängigkeit von jeder Art des Machteinflusses, zu begründen und zu veranschaulichen (V 1,5). Die dreifache Gewährleistung, die vom Rechtsgestaltungsmodell Funktionsträgerstiftung angeboten wird, kann zum Motiv und zur Leitlinie des modernen Stiftungswesens in Wissenschaft und Politik werden (III 5, IV 4).

4. *Profilierung von Staat und Gesellschaft durch ihre wechselseitigen Anstrengungen im Stiftungshaften*

(a) Bereits mit der bloßen Nennung von Stiftungshaftem in irgendwelchen die Öffentlichkeit angehenden oder von diesem in Anspruch genommenen Zusammenhängen wird die Kontroversthematik von Staat und Gesellschaft immer wieder neu angeregt. Es mag noch so unklar sein, was in einer bestimmten Situation mit dem abgrenzenden Gebrauch dieser beiden Gesamtbegriffe wirklich gemeint sein kann; jedenfalls wird es den hierbei Beteiligten, wenn sie damit irgendwie Erhebliches meinen, immer auf eine Profilierung dessen ankommen, was sie entweder unter den Freiheits- und Manipulierungsgelegenheiten von Gesellschaft für sich als Einfluß auf Substanz und Kompetenz eines dazu jeweils von ihnen formulierten Komplexes begehren oder aber was sie unter Zuordnung und Reglementierung als das Staatliche in allen nicht gerade partikulären privaten Belangen verstehen und im Grenzfall selbst in Anspruch nehmen. Bei einer leidlich ausgeglichenen politischen Gesamtverfassung mag derartiges als Zerrbilder erscheinen. Doch sind die Tendenzen zu solchen Kontroversen auch unter einer Oberfläche üblicher Legalität immer vorhanden. Ein manchmal nur geringer Anlaß bringt sie zumindest als Verfremdungen in den öffentlichen Beurteilungen zutage.
Die Geschichte des Stiftungswesens in Europa, die ins frühe Mittelalter zumindest mit ihren kirchlichen Ansätzen zurückweist, ist einerseits von einer einzigartigen Selbstbewährungsfähigkeit der vollzogenen Gründungen gekennzeichnet, - an die unter Götteranrufungen ausgesprochenen Verfluchung von Schatzräubern in griechischen Tempeln gemahnend, - und andererseits als das ständig wache Begehren nach Teilhabe an Gründungen und als Machtzugriffe bei politischen Veränderungen wirksam, - dies von der Säkularisierung und Mediatisierung der Aufklärungszeit bis zur Einebnung aller eigenständigen Strukturen in den Revolutionen dieses Jahrhunderts.
Dem Stiftungswesen zu einer diesem selbst gemäßen Entfaltung zu verhelfen, setzt also bedeutsame Anstrengungen sowohl in den gesellschaftlichen Zonen bewußter Selbstregulierung als auch in den rechtsstaatlichen Sicherun-

gen und bei den finanzstaatlichen Existenzgewährleistungen voraus, - und zwar solche Anstrengungen, die den Stiftungen ihr Eigendasein zuerkennen, indem sie von jenen beiden Seiten dazu ein wechselseitig wirksames Leistungs- und Ordnungsverständnis aufbieten. In der jeweils aktuellen Situation ist dies allerdings mehr ein durch öffentliche Meinungsfaktoren geprägtes Postulat als eine Selbstverständlichkeit des stets einwandfreien Verhaltens.

(b) Das Stiftungswesen in seiner Gesamtheit, wie es in seinen vielfältigen Erscheinungsweisen als ein elementares Geschehen im Ganzen des Gemeinwesens mittels weitgespannter Begriffsbemühungen aufzufassen ist, kann nicht als schon in einer eigenen Repräsentanz darstellbar verstanden werden. Wie auch Staat und Gesellschaft in ihren gemeinsamen und mit ihren ineinander greifenden Strukturen verkörpert wahrgenommen werden mögen, es ist darin kein dem Stiftungswesen ausschließlich eigener Bereich mit seinen Gestaltungs- und Leistungsverwirklichungen abzugrenzen.
Jedoch werden verbandsmäßige Zusammenschlüsse von rechtlich selbständigen Stiftungen zur gemeinsamen Vertretung von aktuellen Anliegen der Statusgewährleistung in der Rechtsordnung und von solchen der belastungs- und verteilungsgerechten Eingliederung im finanzpolitischen Zurechnungsprozeß durchaus notwendige Aufgaben in der Verbändegesellschaft zu erfüllen haben und dabei auch eine besondere ideelle Werbung für das uneigennützige und zugleich programmhaft konkrete Wirken von Stiftungen überhaupt auszuüben vermögen. Daneben werden sogar Sonderbelange noch ihre eigenen Sprecher haben können, wie auch eine übergreifende staatsbürgerliche Verantwortung für sonstiges Stiftungshaftes ihre eigene Aufgabe behält.
Öffentlich weithin vernehmbare Artikulierungen des Leistungsimpulses im Stiftungswesen gehen daneben von solchen Zusammenschlüssen aus, die, - je nach ihrer Ausformulierung von bestimmten Initiativen und Dotierungsvorhaben durch Unternehmen, Institute und von mäzenatisch Verantwortlichen getragen, - den wissenschaftlichen und technischen, aber auch den zivilisatorischen Fortschritt zu ihrem Anliegen gemacht haben und dabei besonders dem Schutz der Daseinsgrundlagen in der heutigen materiellen Welt dienen wollen. Damit wird ein Strukturkomplex des Stiftungshaften im Gemeinwesen erkennbar, der einer sachgerechten Würdigung durch den Staat und zugleich einer Rangbestimmung von Eigengestaltungen in der Gesellschaft zu dienen vermag. Sogleich wird jedoch evident, daß jede der einzelnen Stiftungen, - die rechtsfähigen unter diesen sind ohnehin zur Wahrung ihrer Selbständigkeit und Unabhängigkeit nach zwingendem Recht aber auch aus konstitutiven Erfordernissen des Stiftungswesens überhaupt verpflichtet, - sich in ihrem Pflichtenkreis als eindeutig verantwortlich darzustellen hat. Davon

hängt ihre Öffentlichkeitsgeltung, auf die sie notwendigerweise angewiesen ist, ab. Aus dieser systematisch-axiomatischen Grundposition in der Rechtsordnung würde sich auch die unvermeidbar kritische, weil machtabweisende Standortbestimmung der Stiftung im Staatsbereich vollziehen lassen (V 1).

(c) Es geschieht in der Vorbereitung von beabsichtigten Gründungen nicht eben selten, daß dem die Rechtsform der selbständigen Stiftung des BGB empfehlenden Berater entgegengehalten wird, damit werde das ursprünglich eigene Vorhaben dem staatlichen Einfluß geöffnet und im weiteren Geschehen möglicherweise sogar der Verfügungsgewalt von politisch motivierten Instanzen ausgeliefert. Von einem als Quäker ganz aus eigener Überzeugung stiftungsfreundlichen und -freudigen Unternehmer, der sich übrigens, impulsiert wohl auch durch seine Schweizer Herkunft, doch selbst nach englischem Recht einrichten konnte, war bei Erörterung der deutschen Normalstiftung zu hören, dies sei Verstaatlichung und Ausdruck eines preußischen Etatismus. Ob das Ausweichen bei einer in den letzten Jahrzehnten stetig wachsenden Zahl von Stiftungsgründungen auf die Rechtsform der GmbH und des eingetragenen Vereins wirklich aus einem solchen Verdacht gegen jegliche Mitbeteiligung von Behörden bei Stiftungsgründung und -rechenschaftslegung stammt, das könnte wohl unerörtert bleiben, gibt es doch auch zu viele andersartige interessenbestimmte Motive oder einfach schon bereits die Rechtsform vorprägende Ausgangslagen im Gründungsvorgang, daß dies allein für sich dem Gründungskomplex eine eigene Ausrichtung geben kann (II 2, III 4). Ebenso aber können sich aus solchen Erwägungen auch Gründe oder sogar für das Vorhaben selbst zwingende Motive ergeben, das normative Angebot des Gesetzes anzunehmen und dessen Möglichkeiten für den eigenen Gestaltungs- und Sicherungszweck voll auszuschöpfen (IV 4), – allerdings immer bei äußerst wachsamer Abschirmung des ausgesprochenen Stifterwillens gegen Fehldeutungen bei seiner Auslegung und gegen Vernachlässigung in der Praxis der eigenen Stiftungsorgane.
Ob jedoch die irgendwie beteiligten staatlichen Instanzen oder gar mit ganz eigenen Programmen zur Gesellschafts- und Kulturpolitik befaßte Persönlichkeiten des öffentlichen Lebens wirklich immer gut beraten sind, wenn sie ihrerseits mit markanten Appellen zu Stiftungsgründungen aus neuen Vermögensdispositionen hervortreten, – dies sogar auch, um sich dabei der Pflege einer besonderen Rechtskultur zu widmen, indem sie die gesetzlich normierte rechtsfähige Stiftung propagieren, – das könnte allerdings noch auf einem ganz anderen Blatt stehen, nämlich dem der primären Entwicklung des maßgeblichen Stifterwillens aus seinen eigenen Voraussetzungen. Die genaue Einhaltung von gesetzlichen Vorschriften für das Ob und Wie einer rechtsbe-

ständigen Gründung läßt sich für jeden den Ordnungsvorschriften entsprechenden und im Rahmen der grundsätzlichen Gestaltungsfreiheit entwickeltem Fall in aller Regel einwandfrei erreichen und im Zweifel vor den Verwaltungsgerichten durchfechten.

(d) Insofern es dabei nur um die Ausstattung der Gründung mit dem Charakter einer juristischen Person geht und im übrigen auch eine nicht eigens genehmigte Stiftung nach rechtsgeschäftlichem Zivilrecht existieren und ihre Zwecke erfüllen könnte, ja sich sogar nicht einmal von der steuerlichen Gemeinnützigkeit ausgeschlossen finden würde, so geht doch der ganze Streit um die Bedeutung einer solchen staatlichen Genehmigung letztlich nur um die Gewährung der Rechtswohltat einer Teilnahme am allgemeinen Geschäftsverkehr unter eigenem Namen und mit einer Konzentrierung des als maßgeblich zuzurechnenden Handelns bei den als solche ausgewiesenen Stiftungsorganen.
Auch die Stiftungsaufsicht wird, sogar unter sich etwa ändernden Aspekten einer das Stiftungswesen tragenden öffentlichen Meinung, solange keine politische Infiltration im Eigendasein der jeweils als einzelne für sich bleibenden Stiftungen mit sich bringen, als die rechtsstaatliche Struktur der Verfassung erhalten bleibt. Wird diese beseitigt, dann gibt es auch für keine andere Rechtsgestaltung als die im BGB normierte, also auch nicht für rechtsgeschäftliche Treuhand- oder sonstige Beauftragungsregelungen und ebensowenig für GmbH- und e.V.-Einkleidungen von Stiftungen noch letztlich irgendwelche Gewährleistungen.
In jedem sich als ein Ganzes nicht nur ideell darstellenden, sondern auch gemäß seinen elementaren Notwendigkeiten verwirklichenden Gemeinwesen, das als solches ja selbst das Stiftungswesen zu tragen hat, macht dennoch unterschwellig und hintergründig immer auch wieder ein Gegeneinander von Bestrebungen und Bekundungen allerlei zu schaffen, das als Spannungsverhältnis von Staat und Gesellschaft verstanden werden will und muß. Eine Harmonisierung läßt sich dabei nicht ohne weiteres erzwingen, auch nicht mit der Vorgabe von Idee und Moral. Wechselseitige Anstrengungen von personalen Aktivitäten in beiden Bereichen würden jedoch bereits mit ihrer Profilierung zu etwas mehr spannungsfrei Gesamthaftem führen können.

(e) Zwei Beispiele mögen dies verdeutlichen. Als der Gesetzgeber für die Bereiche der Bundessozialhilfe- und des Jugendwohlfahrtsgesetzes den Organisationen der freien Wohlfahrtspflege für ihre Einrichtungen nicht nur gemäß dem Subsidiaritätsgrundsatz ein besonders geschütztes Betätigungsfeld beließ, sondern ihnen die Erfüllung dieser Aufgaben auch aus öffentlichen Mitteln mitfinanzieren ließ, kam es zu Auseinandersetzungen, in denen sich das BVerfG zwischen zwei Fronten gestellt sah, die mit den Argumenten einer allzuständigen und egalitären Staatlichkeit einerseits und denen des Selbstgestaltungsvorrechts der gesellschaftlichen Kräfte andererseits umzugehen vermochten. Höchst kennzeichnend war dabei, daß in einer das Staatsprinzip zum Extrem steigernden Argumentation dann sogar die Teilhabe von oftmals doch durchaus auch stiftungshaften Leistungsträgern der freien Wohlfahrtspflege an der Substanz zweckbestimmter öffentlicher Mittel advokatorisch als eine parasitäre Funktion nach Schlupfwespenart diffamiert wurde. Erst aus einer ihrerseits Staat und Gesellschaft zusammen umfassenden, damit den Bürger und Zeitgenossen auch mit allen seinen Leistungs- und Teilhabequalitäten einbeziehenden Gesamtfinanzverfassung im Blickfeld argumentierend, konnte schließlich die rechte Mittellage für die zutreffende Fallentscheidung gefunden werden. Jedoch bleibt dieser Vorgang, als für das labile Gleichgewicht zwischen staatlicher und freigemeinnütziger Argumentation kennzeichnend, der Aufmerksamkeit empfohlen.

Eine in der Grundtendenz fast gleichartige, allerdings zum gegenteiligen Extrem führende Argumentation Gesellschaft contra Staat ergab sich 1962 in einer Verhandlung des Deutschen Juristentages, indem nämlich die Zulässigkeit der Stiftung als Rechtsform für Wirtschaftsunternehmen zum Streitgegenstand wurde. Welcher Art immer die mehr situationshaft persönlichen oder mehr organisationspolitisch prinzipiellen Motive auf der Seite einer solchen - doch ohne eine eigens mitzugebende spezifische unternehmens- und wirtschaftsrechtliche Ausformulierung eigentlich kaum verständlichen - Ablehnung jeglicher Unternehmenstätigkeit in der Rechtsform einer Stiftung dabei auch gewesen sein mögen; jedenfalls sollte und wollte diese kontroverse Haltung ihrerseits als Manifestation für die selbstverantwortlichen Kräfte in der Wirtschaftsgesellschaft gegen den Machtkomplex Staat wirken. Was dabei allerdings auch deutlich wurde, das lief auf eine abwertende Kennzeichnung von Stiftungsvermögen als ein Instrument der toten Hand hinaus. Die in einer Stiftung des Zivilrechts organisierte Wirtschaftstätigkeit wurde mit dem negativ gemeinten Kennwort von »Unternehmen, die sich selbst gehören« versehen. Mit solchen Tendenzen wird in der stiftungspolitischen Diskussion auch noch weiterhin zu rechnen sein (IV 1).

Dieses ideologische Wechselspiel Staat gegen Gesellschaft, Gesellschaft gegen Staat erscheint im Stiftungsbereich vor allem auch einer damit verbundenen besonderen Inanspruchnahme der organisierten politischen Gesellschaft wegen höchst aufschlußreich; - insofern nämlich spezielle Demokratisierungsargumente damit gegen ganz bestimmte ihrerseits für plebiszitäre Aktionen unzugängliche Sonderbereiche (»Staat im Staat«) mobilisiert werden sollen; wobei dann auch Egalitätsforderungen für die Verteilung von Substanzerträgen sowie besonders für Mitbestimmungspositionen und für einen organisierten Ämterzugang ihre eigene Rolle zu spielen haben. Diese ganze, politisch immer wieder neu zu erwartende Infragestellung des Stiftungswesens in seinen sowohl herausragenden als auch in seinen weitgehend differenzierten Betätigungsweisen (II) bedarf, über die Vorsorge für neue Gründungsinitiativen hinaus, einer besonderen Pflege der staatsbürgerlichen Urteilskraft im Gemeinwesen (III).

5. *Kultur als Schenkungsbestätigung im Aufopferungsausgleich*

(a) Ein von Zeit zu Zeit neu aufkommender Zug in der allgemeinen aber auch in einer hierfür besonders gepflegten Öffentlichkeit geht auf die Wiederentdeckung sowohl einer zeit- und situationsgerecht zu bestätigenden Stiftungswirklichkeit als dazu auf eine wieder anzuregende Stiftungsfreudigkeit. Solches ist nicht immer in besonders eindruckvoll erscheinenden Stiftungsleistungen begründet und entspricht auch nicht notwendigerweise besonderen, dringend gewordenen Gestaltungsaufgaben und deren Vergegenwärtigung. Es gibt nämlich so etwas wie ein eigenes bewegendes Moment im Zeitgeschehen und im Gemeinwesen, das sich selbst in erhöhter Stiftungsbereitschaft oder doch in einer nachdrücklichen Werbung für diese kund gibt. Das hat dann zur Folge, daß Stifter und Stiftung den Charakter einer sich individuell personifizierenden Willensverwirklichung im Kultur- und Sozialgeschehen annehmen und sich so auch mit persönlicher Selbstdarstellung in der Öffentlichkeit verbinden. Was in noch kaum vergangenen Zeiten sich als Mildtätigkeit und im notwendigen Opfer zur Linderung von Armut und Daseinsnot, sowie als eine unablösbare Vorsorgeleistung zur Erhaltung der Bildungsgrundlagen in Gemeinwesen und Kirche verausgabte, vermochte sich dann anderen Stiftungszwecken zuzuwenden, als in den Ländern einer ausgereiften politischen Zivilisation die dringendsten Lebensbedürfnisse durch organisierte und mit Rechtsansprüchen ausgestattete Vor- und Fürsorgeveranstaltungen abgedeckt erscheinen konnten.

Öffentlich bezeugte Stiftungsimpulse sind also dem gewandelten Zeitbewußtsein gemäß zu deuten. Ob dabei die produktive Phantasie (IV 3) oder ob wirklichkeitsgerecht erkannte Aufgaben, für die sonst nichts getan würde, den Impuls zum Stiften lenken, wird stets einer der erkundeten Wahrheit verpflichteten Würdigung zu überlassen sein. Ein andersartiger, etwa gar sensationeller Umgang mit den Stiftungsereignissen könnte möglicherweise sogar Schaden stiften, sei es daß Schenken und Stiften als Ausdruck von etwas nur

Beliebigem im privaten Überfluß mißdeutet wird oder aber daß, im Eifer des Gefechts, etwas derart notwendig Zeitgerechtes betontermaßen als Mittel zur Überwindung von Angst vor einer ungewissen Zukunft sowie von schlechtem Gewissen bei Begünstigten und Erfolgreichen angepriesen wird. Hierfür gibt es schon seit einigen Jahrzehnten sowohl in den USA als auch in Deutschland manche Angebote von problematischen Deutungen und sogar auch von Impulsierungsaktivitäten in der politischen Gesellschaft. Soll also dem sich zusammen mit mancherlei anderen Motivierungen des Gemeinsinns zeitgenössisch entfaltenden Stiftungswesen eine echte Förderung zuteil werden, dann muß dessen exemplarische und insoweit doch schon als urbildhaft zu verstehende Grundgegebenheit auch rein zur Darstellung gebracht werden können.

(b) Diese Sinnmanifestation ist in bedeutsamen Stiftungsvorgängen motivationshaft als die der Kultur mit ihrer Daseinsentfaltung und -bewährung verstanden worden. Weil damit bereits die notwendigen Abgrenzungen zur Machtwesenheit Staat und auch zum Bedarfs-Leistungskomplex Wirtschaft vollzogen sind, kann aus der Kulturvorstellung noch ein besonderer Ariadnefaden entwickelt werden, um damit in die inneren Bereiche des Stiftungswesens hineinzugelangen; - allerdings wird dabei die rechtliche Gestaltung stets als Verwirklichung eines ursprünglichen Impulses zur Stiftung selbst mitbedacht werden müssen.
Unter dem aktualisierten Stiftungsaspekt wird das damit angebotene Gut, werden die dazu angebotenen Zweckverwirklichungen als die Schenkung begriffen werden können, die sich selbst bereits als Antwort auf etwas, das nun auch seinerseits angeboten wird oder werden soll, versteht. In diesem Medium eines wechselseitigen Verstehens und einander Bestätigens entfaltet sich Kultur in ihrer Selbständigkeit gegenüber Staat und Wirtschaft. Mit diesen in ihrer Gleichzeitigkeit angenommenen Bestätigungen gelangt die Kultur zu dem Ihrigen an gegenständlichen und dienstbaren Mittelbereitstellungen. Das alte, sich ständig wiederholende Ärgernis des Entgelts für kulturelle Leistungen, also des Austausches von Nichtvergleichbarem, für das es meistens nur die Alternative der politisch erwirkten oder bezweckenden Dotierung gibt, ist erst in der Schenkungszone des Umgangs mit Gütern und Diensten aufgehoben. Was so für die Kulturverwirklichung als Äquivalent in Anspruch genommen wird, versteht sich selbst als deren wesensgemäße Bestätigung. Auf beiden Seiten kann es am Anfang eine reine Aufopferung für dasjenige geben, was als das unvergleichbar und ungleichartig Andere, - also ohne einen Anklang von Güterwerten, - einfach schon im Gegenüber da ist. Im Einanderbegegnen kommt es zum Ausgleich in demjenigen, das selbst gar nicht wie ein Austausch, etwa nach der ältesten Formel von Staat und Wirtschaft

nämlich der vom do ut des, vollzogen werden kann und soll. Damit ist sogar der Ansatz für eine Realdefinition des Stiftungsgeschehens überhaupt gegeben.

c) Mit der Einfügung des Stiftens als eines Widmens und Gründens in die Welt der Güter und Dienste mit ihrer wechselseitigen Werthaftigkeit wird die dabei geübte Uneigennützigkeit als Gestaltungsqualität der Stiftung überhaupt erst deutlich. Zwar ist nicht jede Betätigung bei Stiftungserrichtung und im Stiftungsvollzug einer Gesinnungsprüfung zu unterwerfen, schon weil es hierfür an tauglichen Kriterien und Maßstäben fehlen müßte (III 4). Aber im Tatsächlichem eines kulturgerechten Stiftungswirkens werden sich immer hinreichend von Eigenzwecken freie Leistungsverknüpfungen, - solche von einem Innern zu einem Außen oder zwischen den Komponenten der Selbstbetätigung überhaupt,- ergeben, womit sogar einer prinzipiell kritischen Mitwelt gegenüber sich ein eigener Geltungsstatus der Stiftung bis weit in ihre Grenzbereiche hinein, sogar noch in unausgereiften und mehrdeutigen Leistungs- und Anspruchsverhältnissen, vertreten lassen wird. Allerdings wird auch ein solcher Realbegriff der Stiftung nicht weiter reichen können, als die Motivationsqualität der Uneigennützigkeit zu gehen vermag.

II. Gestaltung der Rechts- und Leistungsträgerschaft unter dem Geltungsanspruch Stiftung

1. *Strenge und Nachgiebigkeit des Anspruchs fallweise bewährter Stiftungsbehauptung und -zurechnung*

a) Die öffentliche, sowohl rechtspolitische als auch wissenschaftliche Behandlung des Stiftungswesens könnte es sich darin leicht machen, daß sie nur das in ihr Blickfeld einbezieht, was entweder durch staatliche Anerkennung als öffentlich-rechtliche Stiftung gilt oder nach den Regelvorschriften des Zivilrechts unter der Stiftungsbezeichnung für sich Rechtsfähigkeit erlangt hat. Es liegt nahe, daß so vor allem die einzelnen etablierten Stiftungen strenger rechtlicher Observanz verfahren, indem sie sich in ihren eigenen Leistungs- und Existenzbedingungen abgrenzen.

Organisationen zur Wahrung von Stiftungsbelangen richten sich in solchen Angelegenheiten auf das ein, was ihnen für selbstgesetzte Förderungszwecke aus privater Hand an Mitteln zur Verfügung gestellt wird oder aber sie haben sich für ihre Mitglieder mit staatlichen Maßnahmen, speziell in der Besteuerung oder auch solchen einer Beschränkung in der Selbstgestaltung, auseinanderzusetzen, sowie vor der breiteren Öffentlichkeit dem Ansehen des Stiftungswesens zu dienen. Es ist eine durchaus zeitgemäß bedeutsame Frage, ob das wissenschaftliche und auch das politische Interesse sich mit einer Beschränkung des Blickfeldes auf organisiert Stiftungshaftes abfinden sollen oder ob sie den Rahmen ihrer Betrachtung nicht weiter zu spannen haben, um einem Geschehen gerecht zu werden, das sich in elementarer Weise stiftungshaft auszuwirken vermag.

Für die Gestaltungsbereiche des angelsächsischen Rechts stellt sich eine solche Unterscheidungs- und Abgrenzungsfrage deshalb als weniger auf die Rechtsform hin zugespitzt, weil sich dort weitgehend mehr treuhandmäßig Vertragliches des Geschehens annimmt und die notwendigen Präzisierungen darüber hinaus dem Steuerrecht und dem Schutz von Wohltätigkeitsvorkehrungen überlassen werden. Das deutsche Gemeinnützigkeitsrecht fragt nach Verwendungszwecken der Mittel sowie nach der Uneigennützigkeit der dabei zu beobachtenden persönlichen Betätigung und weniger nach Organisationsweisen. Deshalb muß hierzu eine allgemeine Stiftungstheorie die notwendigen Klarstellungen auch für die öffentliche Meinung zu bieten versuchen. Ihr fällt insoweit eine eigene Verantwortung zu. Diese ist umso dringlicher geworden, als immer häufiger mit erklärter Stiftungsabsicht in entweder frei gestaltete Vertrags- speziell Auftragsverhältnisse ausgewichen wird und wie selbstverständlich die Rechtsformen der GmbH oder des eingetragenen Vereins in Anspruch genommen werden. Dieses weite Feld gilt es, einer normativen aber auch leistungsgerecht fördernden Durchgestaltung mit spezifisch Stiftungshaftem offen zu halten.

b) Der markierende Ansatzpunkt für eine solche Inanspruchnahme von effektiv Geschehendem durch eine Ordnungsidee bietet sich allermeist in den eigenen Gestaltungsansprüchen der initiativ und verfügungsbefugt Beteiligten an. Diese verlangen mit der Beifügung des Wortes Stiftung zu dem Zweck- und Herkunfttitel ihrer Gründung in erster Linie die Bestätigung einer Leistungsträgerschaft jeweils besonderer Art und damit auch die ihrer Rechtsträgerschaft. Die insofern kennzeichnende Namensgebung schließt eine Behauptung eigener Qualität ein und zielt damit auf die Zurechnung der eigenen Existenz zu einem in der Geltung privilegierten Status. Diese braucht jedoch nicht schon auf gesetzlich oder öffentlichkeitsbezogen genau definierte Eigenschaften gerichtet zu sein.
Es genügt für diesen Geltungsanspruch schon dessen unbeeinträchtigte Nennung in den jeweiligen Erörterungszusammenhängen. Dies wird für die Darstellung der Stiftungswirklichkeit in der sozialen und kulturellen Situation der Gegenwart zunächst hinreichend sein. Die daran zu knüpfenden rechtlichen Folgerungen würden erst ein späteres Stadium der bezeugenden Klarstellung sein können.
Die rein fallweise Behandlung eines solchen Geltungs- und Zurechnungsanspruchs trägt dem eigentümlichen Charakter der Stiftung insofern Rechnung, als diese immer und in jeder Hinsicht ein in sich beruhendes Gebilde ist, das weder von anderer Seite beherrscht noch als organisationsabhängig latent beeinflußt wird. Eine Stiftung, die sich in solcher Hinsicht eingliedern läßt, hört auf, ein eigenbegründeter Leistungs- und Rechtsträger zu sein. Danach stellt sich dann nur noch die Frage, wie streng oder aber auch wie nachgiebig die Zurechnungskonsequenzen für solche Trägergebilde sind. Mit dieser unterscheidenden und kritischen, zugleich aber auch zusammenführenden und bestätigenden Anwendung des Leistungs- und Geltungskriteriums bewährter Stiftungshaftigkeit würde sogar auch dem Gemeinwesen eine Konstitutionsformel der eigenen Orientierung auf Selbstgestaltung hin anzubieten sein.(V3).
Anzuknüpfen ist dazu an die gekoppelte Realisierung von Widmungs- und Gründungshandlungen beim Entstehen der Stiftung und bei ihrem Fortwirken in der Leistungsexistenz, die alsdann jedoch bereits maßgeblich unter de-

ren Organisationsgewährleistung zu stehen hat. Daß macherlei Stiftungshaftes schon im ersten Stadium der Zweck-Mittelfixierung stecken bleibt oder nur unvollkommen, etwa in sich selbst widersprüchlich, mühsam zur Darstellung einer fundierten Leistungs-Funktionsträgerschaft hinfindet, das macht die Problematik von mehr komplexhaften Optionen für Stiftungen in den rechtlich gar nicht oder nur schwach artikulierten Bereichen rein gesellschaftlicher Befindlichkeiten aus. Darauf ist vorsorglich gegenüber Werbe- und Propagandaaktionen für Stiftungen, etwa solchen aus Gründen gesellschaftspolitischer Therapie, hinzuweisen.

c) Identifizierungsmerkmale können in den Verhaltensweisen von Stiftungsrepräsentanten vor allem dadurch gefunden werden, daß man diese unter eine Nachweispflicht für die wechselseitige Bedingtheit innerhalb der Mittel-Zweckkonfiguration im dokumentierten Stifterwillen stellt (I 2) und sie zur Darlegung und Fortschreibung von Uneigennützigkeit in der Willensstruktur eines Stiftungsgebildes veranlaßt (V 2), wobei diese sogar einem Wiederholungstest ausgesetzt werden müßte (IV 5). Schließlich wird sich in der Stiftungskonzeption mit der Ernstlichkeit der erklärten Zwecke auch eine gewisse Wagnisbereitschaft in der eigenen Existenz zu verbinden haben (III 4). Mit diesen Anforderungen an die Selbstdarstellung eines Stiftungsgebildes aus Anlaß seiner eigenen Geltungsbehauptung werden Unzulänglichkeiten in der Zweckbestimmung zu überwinden und auch etwa noch unausgereiften Organisationsstrukturen diesen eigene Willensimpulse einzuprägen sein.
Soweit in Erprobungsfällen und in Grenzbereichen eines thematisch und motivierend weiter expandierenden Stiftungswesens noch zwischen Strenge und Nachgiebigkeit in den Anforderungen an die Selbstrealisierung abwägend zu verfahren ist, könnten die drei Konstitutionselemente Leistungszweck, Vermögensausstattung und Eigenorganisation sogar bei nichtrechtsfähigen Stiftungen als auch von diesen beanspruchte Gestaltungsmomente immerhin nicht unerheblichen Abwandlungen unterliegen.

Für ihr jeweiliges Verhalten ist allen Stiftungen das Zweckmoment maßgeblich eigen. Dieses ist in seiner jeweils konkreten Entfaltung sogar von der Rechtsform bzw. den rechtsgestaltenden Ordnungsbehelfen eines Stiftungsgebildes, nämlich als Minimum an Selbstbezogenheit einer insofern qualifizierten Schenkung, weitgehend unabhängig. Allerdings ist eine sich in Qualitäten eigener Urteilsgewichtigkeit und -gerechtigkeit darstellende Stiftung schließlich doch nicht ohne eine ganz einwandfreie Ausbildung ihrer Eigenorganisation denkbar, nämlich schon was die Gewährleistung der Unabhängigkeit in der eigenen zweckgerichteten Urteilsbildung angeht.

d) Der Vermögenskomplex, der zu jedem Stiftungsgebilde allein schon seines Widmungscharakters wegen gehört, kann, wieder durch ihre sämtlichen einschlägigen Realisierungsmöglichkeiten hindurch, sich schließlich nahezu allen Gegebenheiten frei variierend anpassen. Das vermag von der Dominanz eines Sachfundus mit dem ausschließlichen Zweck seiner Bewahrung in Kultur, Gesellschaft und Staat bis zu einer fast gänzlichen Ausdünnung der materiellen Substanz in letzten Finanzierungsreserven für eine sich aus ihrer eigenen Betätigung speisenden Leistungsqualifikation reichen. Dazwischen liegt alles besonders Etablierte von der Anstaltsausstattung bis zur Unternehmensfundierung, aber auch jede ansehenswerte und behütete Dotierungsmasse, die unter den mitakzeptierten ideellen und personifizierten Vorgaben sich erst noch auf die Stiftung hin entfalten soll, sowie zu deren Verfügung in Bewegung kommende Schenkungen aus einem besonders gepflegten und angesprochenen Umfeld her. Solche Stiftungen setzen zwar eine Widmungsgeste der eigenen und anzuregenden Bereitstellungen sächlicher und personeller Mittel voraus, aber sie bestehen eigentlich doch erst, um damit wenigstens über Phasen bloß verbaler Leistungsanregungen hinaus zu gelangen, nur aus dem etwas an Organisationstrukturen eines Zweckentwurfs zum eigenen Vollzug. Wiederum braucht also von Rechtsformen nur im Bedingungsfeld des jeweils Gewollten die Rede zu sein.

e) Das dritte Strukturelement des Stiftungshaften, die Eigenorganisation in concreto, wird nach der Zweck- und Vermögensanalyse jedes einzelnen solcher Gebilde feststellbar sein. Diese muß ihrerseits der Vermögens-Zweckwidmung zur mehr oder weniger aussagekräftigen, jedenfalls aber zurechnungshaft vernehmbaren Artikulierung verhelfen. Ohne sie zerfließt auch eine noch so gehaltvolle Zweckvorstellung schon im Moment ihres Entstehens und die Vermögenszuordnung läuft ins Willkürliche irgendwelcher Verfügungen aus. Dennoch kann diese Organisationsmitgift einer Gründung auf das gerade noch nötige Minimum von Ausstattungshinweisen sinken und auch der Zweckbestimmung braucht nur ein geringes Äquivalent für den geltend gemachten Anspruch auf Sicherung und Dauer geboten zu werden. Kommen die Vorkehrungen für die Zweckverwirklichung mit bereitgestellten Mitteln jedoch nicht über eine fallgerechte Geschäftsbesorgung kraft Auftrag hinaus, dann mag sich die damit vollzogene Schenkung oder Leistungsveranstaltung allenfalls nach einem großzügigen Sprachgebrauch als Stiftung bezeichnen lassen. Eine auf einige Dauer bemessene und kontrollierte treuhänderische Wahrnehmung von stiftungshaften Aufgaben einer Zweck-Vermögensverwaltung könnte in entsprechenden kulturellen und politischen Zu-

sammenhängen immerhin eine besondere Deutung und auch ihre fallübergreifende Würdigung erfahren.
Für das gesamthafte Stiftungsgeschehen ist damit zwar noch keine Veranschaulichung seiner letztlich auch geschichtlich bedeutsamen Strukturen erreicht, doch sollten auf diese Weise für die Inanspruchnahme und die Zurechnung seiner Geltungsansprüche die wesentlichen thematischen Vorbedingungen aufgewiesen sein. Damit wird allerdings auch deutlich, was noch zur Präzisierung sowohl der Leistungs- als auch der Rechtsträgerschaft im Stiftungswesen getan werden muß, um in einem solchen sich innerhalb weiter Grenzbereiche im Sinne eigener Unabhängigkeit und Freiwilligkeit selbst verstehenden Geschehen schließlich doch auch jene Strukturen zur Geltung zu bringen, die ihm einem Anspruch auf eigene Geltung im Gemeinwesen geben können. Jedenfalls sollte an Stiftungshaftem für eine gute Praxis möglichst immer gerettet werden, was sich dazu seinen Ansätzen nach eignen könnte.

2. *Die Rechtsform als Gestaltungsmoment in maßgeblicher Zuordnung*

a) Bevor die mit einer jeden Gründung ins Werk gesetzten Leistungsversprechen und -vorhaben unterscheidend gekennzeichnet oder gar dem Stiftungswesen mit der ihm eigentümlichen Selbständigkeitsbehauptung im Wandel der aktuellen Interessen auch die nötigen Verständnishilfen zuteil werden können (III), muß über die pragmatisch-politischen Feststellungen zum Konstitutionselement Eigenorganisation hinaus erst einmal der Rechtsform in jeder besonderen stiftungshaften Betätigung ihre unverwechselbare Funktionalität zuerkannt werden. Indem die Eigenorganisation einer Stiftung, mag diese auch noch so zurückhaltend in Erscheinung treten, neben den Momenten des Zweckes und der Mittelausstattung deutlich markiert wird, kommt Rechtliches mit seinen Dritt-und Dauerwirkungen ins Spiel, dies auch in den nicht gerade seltenen Fällen von Gründungen aus ideellem Überschwang oder aus einer sich abgrenzenden Selbstgenügsamkeit, bei denen Gründer und Gründungsgenossen mit dem Recht und vor allem mit dem Staat nichts zu tun haben möchten. Es ist deshalb nötig, bei Gründungsberatungen oder -genehmigungen den Beteiligten die mit der Wahl einer Gestaltungsform verbundenen Rechtswohltaten des Gemeinwesens vor Augen zu führen.
Leistungsverdeutlichung und -gewährleistung sowie dazu der Schutz eines oftmals wie herrenlos erscheinenden und deshalb leicht zu mißbrauchenden Eigenvermögens rufen nach rechtlichen Garantien, die nur durch die eindeutig vorgegebene Form der Stiftungsgestaltung in bestimmte Verfahrenswege

zu leiten sind. Das gilt nicht nur für die Verhältnisse im Gemeinwesen, sondern mehr noch für die Abwehr von Eigenmächtigkeiten Dritter. Solche Stiftungen, die selbst für eine Öffentlichkeit mit dem ganz Besonderen ihrer Leistung da sein sollen, wie vor allem ideell ausgerichtete Funktionsträgerstiftungen, können sich des eigenen Freiheitsraumes unter den staatlichen und gesellschaftspolitischen Umständen überhaupt nur dann sicher sein, wenn sie in ihrer Rechtsform den unverwechsel- und unbestreitbaren Ausdruck der Eigenständigkeit zu bieten vermögen. Mit der richtigen Wahl der Rechtsform gelangt ein Stiftungsvorhaben überhaupt erst in seine maßgebliche Gestaltungsphase, die allerdings deshalb oftmals auch eine kritische ist; - dies nicht nur weil Sonderabsichten das ursprüngliche Konzept stören und sogar gegen dieses selbst wirksam werden können. Dabei würde unzulänglich entstandenes Stiftungshaftes an den Rand einer gerade noch hierfür als maßgeblich anzusehenden Zuordnung geraten können.

b) Die erste entscheidende Richtungsbestimmung wird mit der Wahl zwischen einer Form rechtlicher Selbstständigkeit, also des Handelns und des Bedachtwerdens im eignen Namen, oder aber der einer Regelung rechtsgeschäftlicher Sachwaltung in stiftungshaften Betätigungs- und Gewährleistungsverhältnissen getroffen. Dabei sollte eine Regelung nach Zivilrecht den Vorrang verdienen, doch sind auch öffentlich-rechtliche Ausformungen zur eigenen juristischen Person, sowie solche mittels rechtlich gesicherter Obhutzusagen möglich und mit der selbstwerbenden Kennzeichnung als Stiftung zu vereinbaren.
Die Wahl der Gestaltungsform einer rechtsfähigen Stiftung des bürgerlichen Rechts kann in erster Linie als Ausdruck der Ernstlichkeit eines Gründungsvorhabens gelten, und zwar hinsichtlich ihrer drei konstitutiven Elemente. Die Zwecksetzung unterliegt zumindest hinsichtlich ihrer Bestimmtheit und damit auch der Auslegung in Zweifelsfällen einer besonderen Verwaltungspraxis bei der Prüfung der Genehmigungsbehörden, die vor ihrer Entscheidung etwa erforderliche Klarstellungen veranlassen können. Im übrigen wird als stiftungswürdig anzusehen sein, was eine gewisse Uneigennützigkeit vermuten läßt, ohne daß dazu allerdings bestimmte Feststellungen, etwa solche bekundeter Gesinnung, getroffen werden können. Insoweit handelt es sich nur um die Vermutung einer von Willkür freien Verwirklichung des satzungsmäßigen Stiftungszweckes, dessen Formulierung also Art und Realisierbarkeit der in Aussicht gestellten Nutzensbewirkung zu verbürgen hätte, soweit dies üblicherweise bei auf guten Glauben hin ohne eine besondere Aufsichtskontrolle tätig werdenden Rechtsgenossen unterstellt wird.

Die Ausstattung einer Stiftung wird ihrem Errichtungsgeschäft gemäß nachzuweisen sein, wenn sie damit auch nicht schon für deren weitere Betätigung zu gewährleisten ist. Jedenfalls haben sich die mit eigenen Rechtsansprüchen Beteiligten auf einen geordneten Geschäftsgang und vor allem auf eine dem Gläubigerschutz genügende Mittelbeschaffung in der insofern üblichen Weise selbst einzurichten. Ein Durchgriff auf persönlich haftende natürliche Personen in einer Gründer-, Nutznießer- und Sachwalterspäre findet rein stiftungsrechtlich nicht statt. In Angelegenheiten, die ein besonderes Maß der Gläubigersicherung zur Voraussetzung haben, ist also in einer beim Geschäftsverkehr auch gegenüber sonstigen juristischen Personen üblichen Weise zu verfahren.

Schließlich bietet die rechtsfähige Stiftung mit ihrer Eigenorganisation auch für die notwendigen Zurechnungsfeststellungen einen Weg zu den behördlichen Registern an. Der insofern aktive Status einer Stiftung ist allerdings eindeutig mehr eine Sache ihrer effektiven Repräsentation durch die eigenen Organe, als die einer mitgehenden behördlichen Aufsicht. Damit dürften die der gesetzlich normierten Rechtsform Stiftung zuzuschreibenden Gestaltungsverhältnisse und die dieser abzuverlangende Zuordnungssicherheit in einer zwar nur das Notwendige bezeichnenden Erwartung verdeutlicht, dennoch aber das dem Rechtsverkehr und den Leistungserwartungen entsprechende Wesentliche dieser Rechtsform bestimmt sein. Mehr zu bewirken, wäre Sache einer von allen Beteiligten getragenen rechtspolitisch orientierten Stiftungspflege oder aber der besonderen satzungsmäßigen, etwa sogar einer speziell rechtsgeschäftlichen Vorsorge (IV 4, 5).

c) Über die beiden anderen in der Gründungspraxis der letzten Jahrzehnte immer mehr in vielgestaltiger und mit insofern mancherlei Einschlägiges bezweckender Handhabung unter der Namenskennzeichnung Stiftung hervorgetretenen Zweck-Vermögens-Organisationsgebilde, nämlich die der Gesellschaft mit beschränkter Haftung und des eingetragenen Vereins, läßt sich von einer normativen, auf die Rechtsform und eine dieser entsprechende Zuordnung gerichteten Gestaltungslehre nun allerdings nur wenig sagen, was über GmbH- und Vereinsrecht hinausgeht. Die öffentlichen rechts-, kultur- und gesellschaftspolitischen Würdigungen dieser Vorgänge sowie die besonderen Vorsorge- und Sicherungsmaßnahmen in einer solchen Praxis müßten maßgeblich aus dem Dienst an der Rechtsordnung motiviert und verwirklicht werden, sie sollten dabei allerdings auch dem Stiftungswesen in seiner ganz umfassenden sinn- und gestaltgebenden Bedeutung zu dienen haben (III, IV).

Der Rechtsform GmbH werden, wenn sie registermäßig formuliert der sie betreffenden Gesetzgebung genügen soll, in der Zwecksetzung und Ausstattung zumindest formulierungshaft die üblichen Erwartungen einer Teilnahme am Wirtschaftsleben zu entsprechen haben. Dies bietet der BGB-Stiftung gegenüber ein höheres Maß an Kontrolle bei der Mittelbewirtschaftung und in der Präsenz der eigenen Organe, damit also zu einem qualifizierten Status als juristische Person im Wirtschaftsverkehr. Inwieweit jedoch die stiftungshafte Zwecksetzung in einer GmbH verwirklicht werden kann, ist Tatfrage. Ihr Status braucht aber bei einer ertragsbezogen angelegten Vermögens- und Geschäftsausstattung durchaus nicht als beeinträchtigt angesehen zu werden.

d) In der Regel sind solche GmbH-Stiftungen mit ihrer geschäftlichen Tätigkeit jedoch auf die Wahrnehmung von Beteiligungen an Unternehmen mit eigener Adresse beschränkt, sie könnten allerdings auch selbst einer mehr kommerziell spekulativen Vermögensbewirtschaftung obliegen. Wenn sie sich dabei von den Bedingungen einer üblichen stiftungshaften Zweckverwirklichung entfernen, dann hat das zunächst nur mit einer etwaigen Beeinträchtigung der sich auf den Stiftungshinweis beziehenden Erwartungen zu tun, nicht aber mit gesetzlichen Verpflichtungen und darüber hinaus mit satzungsmäßigen nur bei Benachteiligung von immerhin formell bestehenden Gesellschafterinteressen. Inwieweit Gesellschafter einander bzw. die GmbH selbst auf Erfüllung stiftungsgerechter Aufgaben verklagen können, ist dem besonderen Fall gemäß zu entscheiden.
Der Gesellschaftermehrheit bleibt somit die Bestimmung über jede Art von Stiftungsverhalten freigestellt. Aus einer irgendwie gearteten Öffentlichkeit kann es dazu nur verbale Mahnungen geben, es sei denn, die GmbH hat sich nach dem Gründerwillen rechtsgeschäftlich Dritten gegenüber, ob als Leistungsempfängern oder als Überwachungsbeauftragten, zur kontrollierten Einhaltung stiftungshafter Zwecke verpflichtet. Jedoch werden solche Sicherungen in der Praxis kaum getroffen, denn eine Gründung, die jede staatliche Stiftungsaufsicht von sich fernhalten will und ihre Geschicke in die Hand von anteils-, also vermögensberechtigten natürlichen Personen legt, wird sich kaum auf anderen Wegen gerichtlich nachprüfbar der Uneigennützigkeitskontrolle von Zweck-Vermögenswidmungen unterwerfen wollen.
Für stiftungsorientierte Gestaltungen in Vereinsform werden ähnliche Überlegungen sowohl auf Gründerseite als auch im Sinne eines uneigennützigen Interesses anzustellen sein, wie bei einer GmbH-Regelung. Nur steht hier die viel lockerer gehandhabte Ordnungsaufsicht hinter der bei unternehmensbezogenen Absicherungen üblichen zurück, so daß nur offenkundige Unregelmäßigkeiten an rechtliche Schranken stoßen könnten; es sei denn die Satzung bietet unter Mitwirkung Außenstehender dazu besondere Handhaben. Diese würden vor allem die Zweckregelung und Vermögenspflege anzugehen ha-

ben, das hängt dann aber von deren vorausschauenden und gewährleistenden Formulierungen bei Gründung ab. Die aus wechselnden Mitgliedermehrheiten resultierende Entfremdung vom Gründungsgeschäft ist satzungsrechtlich zwar zu erschweren, aber unter geänderten personellen Umständen doch nicht mit hinreichender Sicherheit auszuschließen; womit die für die Dauerregelungen ungeeignete labile Beschaffenheit solcher Gestaltungen gekennzeichnet sein dürfte.
Wenn trotzdem für ernstliche Stiftungsabsichten die Rechtsform einer GmbH oder eines eingetragenen Vereins in Erwägung bezogen und nicht gerade selten praktiziert wird, dann hat das auf der einen Seite mit speziell motivierter Gewährleistungsbindung und -pflege bei den gewidmeten Vermögensausstattungen und auf der anderen Seite mit der gewünschten Aktivierung eines ganz besonderen persönlichen Elements im maßgeblichen Mitgliederkreis, verbunden wohl auch mit Erwartungen fortlaufender Dotierungen, zu tun. Beides kann fallweise erwünscht sein und sich auch angemessen regeln lassen.

e) Diese erwägungshafte Zuordnung der angemessenen Rechtsform für Stiftungen kann mit der Feststellung abgeschlossen werden, daß die diesen als wesenseigen zugesprochene Gestaltungsqualität einer dreifachen Unabhängigkeit, – nämlich von im Eigentum oder in personhaften Mitgliedschaften begründeter Verfügungsmacht sowie von Funktionen öffentlicher Gewalt – sich unvermeidlich in Frage gestellt sehen muß, wenn eine Gründung vom Normativen der BGB-Stiftung radikal wegführen will.
Was dabei gegenüber dem Einfluß des Staates, auch in der Gestalt einer gesetzlich gebundenen und in ihren Ermessensentscheidungen gerichtlich kontrollierten Genehmigungs- und Aufsichtsbehörde, gänzlich abgeschirmt werden soll, gerät damit ganz zwangsläufig unter eine nur sehr schwer zu bindende Verfügungsmacht aus Eigentum und Mitgliedschaftsrechten. Wenn gegen GmbH- und eV Regelungen auch nicht ohne weiteres schon Zweifel an der Ernstlichkeit eines uneigennützigen Gründerwillens laut werden sollten, so läßt sich doch die für den Bestand und die Leistungverwirklichung einer Stiftung als letzlich maßgeblich vollziehbare Zuordnung kaum anders als in deren wesenseigener Rechtsform zur Geltung bringen, die eine lange Geschichte der Bewährung kennt und in neuerer Zeit auch ihre besonderen Qualitäten entfaltet hat.

3. *Zweckszuwendungen aus gewidmetem Fundus und organisierter Sammlung*

a) Wird, was sich in Stiftungen und dann auch mit diesen zu ereignen hat, als durch eine Ellipse umschrieben und abgedeckt vorgestellt, dann kommt einmal mehr der Brennpunkt der Vermögensausstattung und -pflege und dann wieder mehr der von Leistungszwecken in ihrer stets gemeinsamen Verwirklichung zur Geltung. Widmung und Gründung finden so ihre wechselseitige stiftungshafte Bezeugung. Für die Vermögensqualität einer Stiftung ist, auch unter Zweckaspekten, nicht nur das insofern Substanzhaft-Gegenständliche sondern auch deren organisationsmäßige Sicherung bezeichnend. Die Dotierungsgewährleistungen für eine Zweckverwirklichung setzt sich aus dem Ursprungsstadium der Widmung in das Fortdauernde der Gründung, als der Rechtsgestaltung im Umkreis kraft eigener Organisation, hinein fort. Diese enge Bezogenheit dreier Funktionen untereinander im Gleichgewicht von Anfang an zu konzipieren und dann durch alle Phasen des Gründungsgeschehens bis in die Gestaltung auf Dauer durchzuhalten, ist nicht jedermanns Sache und nicht jede Stiftung kommt damit schon in die ihr angemessene Verfassung. Wer bloß für einen guten Zweck etwas wegschenken will, kann damit unter beflissener Mithilfe zwar in Stiftungshaftes geraten, dieses bedarf dann in seinem Vollzug jedoch noch weiterer Gestaltungsideen.
Globale Dotierungsaufgaben stellen sich für einen laufenden Bedarf, so wie dieser in engeren oder weiteren Kreisen der bei Gründung benannten Begünstigten ständig da ist, üblicherweise so: Die Armen, die Auszubildenden, auch die Angehörigen bestimmter Familien und Personengruppen, - oder aber in einem tiefgehenden Unterschied dazu in bestimmten Förderungseinrichtungen, so wie sie bei Stiftungsgründung schon vorhanden sind oder aus deren Veranlassung entstehen.
Damit würde sogar ein Ansatz von der Dotierungszusage und -absicherung zur anstalthaften Ausbildung von Mittel-Zweckverhältnissen gegeben sein. Allerdings könnten solche Gründungen dann aus eigener Veranlassung auch zu solchen Zweckanforderungen übergehen, die sich nur noch in einer voll ausgebildeten Funktionsträgerschaft verwirklichen lassen (5).
Je mehr aber eine Zwecksetzung für die Mittelverwendung eine gänzliche eigene oder gar eine ausschließliche der einzelnen Gründung ist und sich daneben keine weiteren Dotierungsquellen für das gleiche Vorhaben finden lassen, - diesem aber in allen seinen Verhältnissen, institutionellen und fremdnützigen, die Fortdauer von Nöten und sogar eingeprägt ist, - umsomehr wird eine solche Stiftung, auch wenn sie selbst nur als Kapitalfondsträger ausgebildet ist, zum Gegenstand öffentlicher Vor- und Mitsorge (III 3).

b) Im engeren Bereich von nichts anderem als einer Dotierungsgestaltung bleiben solche Familienstiftungen, die aus einem nach Sicherungs- und Ertragsgesichtspunkten zu verwaltenden Kapitalvermögen jene Mittel ziehen, die rein nach Bedarf und persönlicher Qualifizierung an die satzungsmäßig Begünstigten ausgeschüttet werden sollen. Ins komplex Stiftungshafte kommt man dabei allerdings dann, wenn der Dotierungsfundus aus einem Unternehmen oder aus Unternehmensbeteiligungen oder auch aus einem in sonstiger Weise nutzbaren, mit einer besonderen Auflage zur Pflege anvertrauten Objekt besteht; -wozu übrigens der Wertsicherung wegen auch Grundbesitz gehören kann, der dann aber meistens als »herrenloses Gut« besonderen Raum- und Bodenordnungsmaßnahmen ausgesetzt sein könnte.
Bei einem sich deutlich im Bereich öffentlicher Interessen selbst darstellendem Stiftungsfundus kann, auch wenn den damit zu erfüllenden Aufgaben im Gemeinwesen ein eigener Rang zukommt, zwar durch entsprechende Deklarierung bei Gründung und dann durch nachhaltige Publizität des Dotierungsgeschehens schon vorsorglich ein direkter Zugriff kommunaler oder auch staatlicher - in Sonderfällen auch kirchlicher - Organisationsträger ausgeschlossen werden, doch läßt sich eine Infiltration der Stiftungsorganisation durch politische Mandatsträger nur mittels einer deren eigene unabhängig selbständige Willensbildung, besonders bei der Berufung von Vorstandsmitgliedern, sichernden Satzungsregelung verhindern (III 3). Dies ist übrigens eine ernste Lehre der Geschichte des Stiftungswesens in seiner Nähe zu den öffentliche Mitgliederkörperschaften: Religiöse Bruderschaften raubten kirchliche Stiftungen aus.
Andererseits ist bei Sammelvermögen, die nach Aufrufen in der Öffentlichkeit mit aktueller Zwecksetzung entstehen, von Anfang an eine Absicherungsaktion im Sinne stiftungshafter Eigengestaltung erforderlich. Damit ist ein Gebiet des Stiftungswesens bezeichnet, bei dem die fehlenden Organisationsstrukturen durch ganz besondere Vorkehrungen gegen Zweckentfremdung, vor allem aber gegen eine Usurpierung der Verfügungsgewalt, zu ersetzen sind.

c) Für die der Förderung von Bildung, Kunst und Wissenschaft gewidmeten Stiftungen, die auf eine besondere Tradition zurückblicken können, läßt sich hinsichtlich der dabei in ihnen zur Geltung kommenden rechtlichen Gestaltungsformen sowie der An- und Eingliederung gegenüber öffentlichen Einrichtungen des Kulturlebens keine allgemeine Kennzeichnung vornehmen. Es kommt, abgesehen von der Verwirklichung kulturpolitischer und rechtsstaatlicher Rahmenbedingungen, ganz allein darauf an, daß jede Stiftung, gleichgültig welcher Rechtsform, ihren eigenen Status zu wahren weiß, also

letztlich ihre eigenen Organe oder speziell beauftragte treuhänderische Stiftungssachwalter im vollen Umfang von Vermögenswahrung und Zweckerfüllung tätig werden läßt.
Vermögenswidmungen von größtem Umfang und in mäzenatischem Stil hat es bis in die jüngere Vergangenheit aus Anlaß der Gründung neuer Universitäten gegeben, einzigartig in den USA aber auch in den europäischen Ländern, wo dergleichen Stiftungshaftes von je her zu deren Ausstattung gehörte. Wenn auch einzelne Hochschulinstitute sogar heute noch in dieser Weise finanziert werden könnten, so sind doch weder die Institutionen gesamthafter Forschungskomplexe und Lehrstätten, noch auch der Eigenmittelbedarf ihres Betriebshaushalts, vor allem mit längerfristigen Personalzusagen, in solcher Weise sicher zu stellen, - wenn man von einer hilfsweisen Dotierungseingliederung in den Staatshaushalt absieht. Es kommt unter diesen Voraussetzungen für besondere stiftungsmäßige Ausgestaltungen im Hochschulbereich wesentlich darauf an, frei konzipierte Lehr- und Forschungsvorhaben so zu organisieren, daß für absehbare Programmperioden die nötigen Mittel ohne die Inanspruchnahme des öffentlichen Haushalts gewährleistet erscheinen. Dies ist letztlich Sache eines perfekten Zusammenwirkens zwischen den drei Stiftungskomponenten(I 3e).
Dem Vermögenskomplex kommt dabei die Schlüsselfunktion allerdings insofern zu, als sich dieser in gesicherten, vorauszusehenden Einnahmen realisieren lassen muß. Da sich dies seit nunmehr über einem halben Jahrhundert auch mit einer noch so großen Geschicklichkeit nicht mehr bewerkstelligen ließ, müssen Stiftungen dieser Art sich entweder auf den persönlichen Faktor von Mitgliedschaften in genügend breiten Kreisen ehemaliger Absolventen sowie sonstiger speziell engagierter Spender stützen können oder aber sie werden nach Anstaltsart sich mit ihren nichtkommerziellen Dienstleistungen hinreichende Zweckdotierungen sichern müssen. Eine aus diesen Faktoren gemischte Finanzierung würde unter den Stiftungskomponenten auch die Eigenorganisation voll zur Geltung kommen lassen können.
Wenn schließlich die aus langfristig zu gewährleistenden Erträgen von Dekkungskapitalien zu finanzierende betriebliche Altersversorgung sich, wie vor allem in der Schweiz, hierfür der rechtlich selbständigen Stiftung als Organisationsform bedient, dann gibt dies gleichzeitig zu besonderen finanztechnischen Vorkehrungen Veranlassung. Etwas im ideellen gesellschafts- und rechtspolitischen Sinne Maßgebliches wird jedoch nur dann mit solchen Stiftungen zu verbinden sein, wenn sie in einer wirkungsvollen Weise über die selbstverständliche Zusage und branchenübliche Bemessung solcher Renten hinaus ein besonderes Band der wechselseitigen Leistungswürdigung zwischen Betrieb und Mitarbeitern sichtbar werden lassen. Das ist allerdings im-

mer dem Sonderfall vorbehalten. Die Absicherung der Versorgungszusage im Betriebszusammenhang hält sich in den Bahnen, die Handelsrecht und Gesellschaftsrecht vorschreiben. Für Insolvenzen bieten Pensionssicherungsvereine auf Gegenseitigkeit, die von der Unternehmenwirtschaft insgesamt getragen werden, das zur Sicherung Nötige und Mögliche. In der Schweiz entwickelte Sondergestaltungen der Investment- und Anlagestiftung für unternehmensbezogene Personalvorsorge bringen die Elemente einer Vermögensbildung und -bewirtschaftung in rechtlichen Strukturen so zur Darstellung, daß diese dem Stiftungswesen mit ihrem Leitbildcharakter dienen und zugleich auch zur Sicherung der Marktwirtschaft beitragen könnten, - was durchaus dem Individualisierungsmoment in allem Stiftungshaftem entspricht.

4. *Unternehmen als Nutzungs- und Gestaltungsgelegenheit in der Stiftungsverwirklichung*

a) Ist dem gesamthaft durchaus komplexen Gebilde der Stiftung, dem Ereignishaftes eher eigen ist als Gestalthaftes, in einer metaphorisch vereinfachenden Umschreibung mit dem Bild einer Ellipse nahezukommen, dann könnte dies von deren beiden funktionalen Brennpunkten her geschehen: Dem des Vermögensgleichgewichts ist, in einer ausgewogenen Verfassung des Gebildes selbst, jener der vorbestimmten Bahn einer Zweckbewirkung zuzuordnen. Nach der einen Seite im Kräftesystem wirkt so die Widmungsrealisierung in allem Gegenständlichen (3), nach der anderen die Funktionsvergegenwärtigung in den Zweckbestimmungen als solchen (5). Eingespannt zwischen diesen beiden Tendenzen im elementaren Stiftungsgeschehen liegt das Betätigungsfeld einer ihren gesellschaftlichen Vorbedingungen nach und auch in rechtlich-konstruktiver Hinsicht noch mehr neuartigen als schon ausgereiften Stiftungskonzeption: das der Unternehmensträger-Stiftungen.
Nicht nur, daß die beiden Brennpunkte des Geschehens, Vermögen und Zweck, sich mit einer jeweils unterschiedlichen Anziehungskraft auf den Gestaltungsumriß - den geometrischen Ort einer Ellipse - solcher Stiftungen auswirken, auch das von ihren Brennstrahlen bestrichene Feld gibt für mancherlei Konfigurationen von zwar nicht stiftungsfremden aber doch u.U. sehr eigenwilligen Bestrebungen Gelegenheit. Schon die begriffliche Verbindung der beiden Worte Stiftung und Unternehmen läßt mehrere Kombinationen zu und führt erst nach eingehenden Überlegungen zur Verdeutlichung der damit verfolgten Absichten.

Dabei bringen Unternehmen und Stiftung jeweils ihre eigene Organisationskomponente ins Spiel, womit dem Ganzen zwar eine planvoll gewählte Eigenorganisation zukommen kann, während die beiden Grundgegebenheiten jeweils auf eine Selbstorganisation ihrer Funktionen angewiesen bleiben, - für die eine nach Unternehmensrecht, für die andere nach Stiftungsweise. Dabei lassen sich gemäß den besonderen Ordnungszwecken auf diesem Leistungsgebiet nebeneinander die Stiftung des bürgerlichen Rechts, die GmbH und die Aktiengesellschaft finden, von hierbei immerhin denkbaren Stiftungen des öffentlichen Rechts, solchen unter treuhänderischen Absicherungen oder gar nach Genossenschafts- bzw. Vereinsrecht üblicherweise abgesehen.
In einigen Fällen der Kombination stiftungs- und unternehmensrechtlicher Gestaltungen ließ sich eine Einheitsorganisation darstellen. Auf diese richten sich auch besondere, noch nicht zu einem Gesetzgebungsabschluß gelangte rechtspolitische Bestrebungen, die allerdings gänzlich von einer Neuordnung des allgemeinen Unternehmensrechts abhängen. Bis dahin wird sowohl den sich in der Rechtsform einer BGB-Stiftung am allgemeinen Wirtschaftsverkehr beteiligten Unternehmen, - für die sich die Begriffskombination Stiftungsunternehmen in einem engeren Sinne kennzeichnend gebrauchen läßt, - als auch den in Form einer AG, GmbH und möglicherweise auch Genossenschaft organisierten Unternehmen mit stiftungshafter Aufgabenstellung - ihrer unternehmensrechtlichen Eigenständigkeit wegen als Stiftungsunternehmen im weitesten Sinne zu kennzeichnen, - eine vollgültige Selbstvertretung in der Rechtsordnung, vor allem des Wirtschafts- und des Unternehmensrechts, nicht bestritten werden dürfen.

b) Für solche Gebilde, die den Stiftungen ihre Gesellschafterrolle in einer Kapitalgesellschaft zuweisen, diese also mit Beteiligungen der allgemein üblichen Art ihr Genüge finden lassen, kann ein aus den beiden Worten Stiftung und Unternehmen kombinierter Begriff nur in einer rechtlich kaum relevanten Bedeutung gebraucht werden. Unternehmensstiftung meint dabei mehr die von einem Unternehmen ausgehende Gründung oder aber überhaupt nur eine bei diesem verbleibende stiftungshafte Einrichtung. Demgegenüber dann aber von Unternehmensträgerstiftungen zu sprechen, könnte bedeuten, eine besondere unternehmensrechtliche und möglicherweise auch wirtschaftspolitische Interessenkennzeichnung für solche Doppelgebilde hinsichtlich der eigenen Vermögens- und Lenkungsträgerschaft von Kapitalbesitz an AG und GmbH herauszustellen; was bei Mehrheits- und Alleinbesitz auch noch ganz spezielle Probleme ergeben würde. Beteiligungen an Personengesellschaften stehen dabei in praktischer Hinsicht dem Themenbereich der GmbH & Co.KG nahe.

Von dieser hiermit zu einer noch eher ambivalenten Kennzeichnung gebrauchten Bezeichnung Unternehmensträgerstiftung würde dann aber zu unterscheiden sein die dem Stiftungsrecht zu seinen Klassifizierungszwecken, nämlich im Sinne einer diesem eigentümlichen Substanz- und Leistungsträgerschaft vorzubehaltenden Bezeichnung: Unternehmensträger-Stiftung.
Im Bereich der Stiftungsunternehmen ist den Familienstiftungen ein eigenes Gestaltungsfeld vorzubehalten. Solche Stiftungen sind zwar in der Rechtsgeschichte fundiert, sie werden aber in der steuerrechtlichen Zuordnung auch als dem Generationswechsel unterworfen behandelt. Für die Organisation eines Unternehmens bietet die stiftungshafte Familienbindung insofern ihre eigenen Gestaltungsmomente an, als keine Teilung des Erbes in der Substanz stattfindet, ebensowenig wie Verfügungen über Erbenanteile am Kapital möglich sind und die Unternehmensführung sich von den üblichen Entwicklungen im ganz Privaten abschirmen läßt. Auch die auf Personen bezogenen Dotierungen und Entnahmen lassen sich durch Stiftungssatzung auf eine besondere Unternehmenspflege hin orientieren. Diese Stiftungsart könnte im Unternehmensbereich damit sogar eine Eigenbedeutung gewinnen, der nicht einmal ein überragendes marktwirtschaftliches Interesse an Fluktuationen in den kapitalmäßigen Verfügungspositionen berechtigterweise entgegenzuhalten sein würde. Damit könnten solche Stiftungen auch als mit Momenten einer privaten Uneigennützigkeit ausgestaltet anzusehen sein.

c) Der Darstellung der Stiftungswirklichkeit kommt im Bereich einer solchen, wenn auch beteiligungshaft gebundenen so doch eigenständig organisierten Unternehmensträgerschaft vor allem insoweit eine besondere Bedeutung zu, als sie sich gemäß der Widmungs- und Gründungseffizienz alles originär Stiftungshaften auch öffentlich derart aufschlußreich genau kennzeichnen läßt, daß das fallweise zugehörige Unternehmen seinen eigenen Status und Charakter im Wirtschaftsleben uneingeschränkt und auch ungefochten behaupten kann. Dazu gehört, daß jedes so gebundene Unternehmen über die ganze Skala der ihm angemessenen Publizität selbst verfügen können muß, also auch ganz von sich aus zu kennzeichnen vermag, was in seinen Betätigungen sowie in seiner Kapitalstruktur vorwiegend oder sogar allein stiftungsbedeutsam ist und was andererseits ganz den üblichen markt-, betriebs- und finanzierungswirtschaftlichen Verhaltensabläufen entspricht. Allerdings sollte über die besondere Stiftungsqualität einer solchen Trägerschaft von Dritten auch nichts in der Öffentlichkeit zur Sprache gebracht werden, was die Freiheit des Unternehmensverhaltens beeinträchtigen könnte, – es sei denn, durch spezielle und publizierte Satzungsvorschriften ist dem öffentlichen

Interesse eine bestimmte Position der Mitkenntnis und Beurteilung eingeräumt worden.
So wird sich zur Geschichte und zu den Ausgestaltungen von unternehmensbezogenen Stiftungen auch nur das sagen lassen, was deren Sachverhalte ohnehin bezeugen, also beim gegenwärtigen Stand der stiftungsrechtspolitischen Urteilbildung (V 1) vor allem zu den Themen der handelsrechtlich vorgeschriebenen Geschäftsberichte. Noch vor fünfzig Jahren hätte man zu diesem Komplex in Deutschland, - von einigen sozialutopischen Anregungen abgesehen, - auch angesichts der respektablen Existenz der Carl-Zeiss-Stiftung noch kaum irgendwelche programmhafte Vorstellungen aktuellerweise vertreten können. Dieser damals vorwiegend aus einer Unternehmensbiographie, der von Ernst Abbe, beurteilte Sonderfall ließ sich unternehmensmäßig auf eine eigene wissenschaftlich-technologische Formel bringen und gesellschaftspolitisch den Betriebsangehörigen in ihrem Gemeinwesen zuordnen. Einige wenige weitere Gründungen im ersten Jahrhundertdrittel stellten sich, auch bei hoher Qualität, nicht selbst als exemplarische Vorhaben öffentlich dar. So gerieten sie , besonders nach 1933, unter Beherrschungseinflüsse, auch unter solche von dotierungsmäßig begünstigten und für die Mitwirkung bei Vorstandsergänzungen in den Satzungen benannten kommunalen Körperschaften.

d) Nach 1945 hat es keine Neugründungen aus einem Guß gegeben, von denen die stiftungspolitische Phantasie zur Unternehmensverfassung nachhaltige Anregungen hätte empfangen können. Besonders dokumentierte, öffentlichkeitswirksame Leistungen aus Vermögenswidmungen von Unternehmerhand haben jedoch dem Stiftungswesen neues Ansehen gebracht und auch dessen Schwerpunkte in der kulturellen und sozialen Leistungssphäre beispielgebend hervortreten lassen. Die Verbindung des Namens bedeutender Unternehmen mit solchen Stiftungskomplexen, vor allem auch mit Dokumentationen in Gestalt gesamthafter Programme, hat je nach der besonderen Konstellation im Gründungsstadium dann gemäß der rechtlichen Zuordnung von Unternehmens- und Stiftungssphäre, dabei aber auch in der Entwicklung der jeweils maßgeblichen Finanzpositionen, eine fallweise ganz individuelle Würdigung erfahren.
Somit sind diese Stiftungen, ehe sie der eigenen Unternehmensträgerschaft gemäß betrachtet und beurteilt werden, zunächst als eigenständige Dotierungskomplexe von besonderem Gewicht in Öffentlichkeit und Gesellschaft herauszustellen (3), zugleich aber auch in ihrem besonderen Rang gerade insofern anzuerkennen, daß ihre eigene Organisation mit der gesetzten Zweck-

konfiguration verbunden als zur Funktionsträger-Stiftung ausgebildet zu erscheinen vermag (5).
Im ersten Jahrzehnt nach 1945 hat es ein zeitweise brennendes, dann aber bald abklingendes Interesse an einer stiftungshaften Sondergestaltung für den Unternehmensbesitz in staatlicher Hand gegeben, insofern nämlich die eigene Staatlichkeit zunächst überhaupt durch Besatzungsgewalt suspendiert war und bei ihrer schrittweisen Wiederherstellung immer noch problematische Belastungen befürchtet werden mußten. Für Zugriffe auf verbliebene öffentliche Vermögenswerte und für die Etablierung besonderer Machtverhältnisse zu einer politischen Beherrschung auf Dauer stellten sich diese quasi herrenlos gewordenen, strukturell aber höchst bedeutsamen Industrie- und Dienstleistungskomplexe als gefährlich exponiert dar. So wurde hierfür die Stiftung als eine herrschaftsfreie, ganz auf die Vermögens-Zweckkonfiguration konzentrierte Unternehmensorganisation angeboten, zugleich aber als den Eigentums- aber auch sonstige Beherrschungsfunktionen entzogen darstellt (V 2).

e) Diese Idee hat sich damals durch einige Jahre als mehr in der eigenen verfassungspolitischen Bewußtwerdung denn in besonderen Aktionen dem staatsbürgerlichen Sachwaltertum förderlich ausgewirkt. Mit der Restituierung des Staatlichen in allen Lebensbereichen gelangten auch diese Unternehmen in die traditionelle ministerielle Obhut zurück und die neu aktualisierte Mitbestimmungspolitik ließ sich hiermit in einer Strukturbildung besonderer Art verbinden. Ob die in den westeuropäischen Ländern zu einem Wechselspiel mannigfacher Tendenzen ausgeartete Sozialisierungspolitik noch auf eine Mittellage gewährleisteter Unternehmenskontinuität zurückgeführt werden kann, würde möglicherweise davon abhängen, ob Unternehmensträgerstiftungen als herrschaftsfreie Gestaltungsformen politisch vorbildhaft vergegenwärtigt werden können (V 2a).
In jenen ersten Jahren einer Wiedererstarkung des selbstverantwortlichen Unternehmertums wurde, - auch im Hinblick auf die Absicherung des betriebsgebundenen Vermögens gegen Zufälligkeiten in der privaten Sphäre der verfügungs- und leistungsmäßig Beteiligten, - immerhin die Ausgestaltung mittlerer Unternehmen ins Stiftungshafte erwogen. Eine mit dem Titel "Unternehmen unter frei gewählter Stiftungssatzung" für sich selbst sprechende Schrift fand gerade in solchen Kreisen, die den Unternehmen in Privathand eng verbunden waren, ein so großes Interesse, daß deren erste Auflage schnell vergriffen war. Beratungsanliegen, die sich hieraus ergaben, boten Beispielsfälle für ein hohes Maß an verantwortlicher Vorausplanung in der Unterneh-

mersphäre sowie für ein starkes Interesse an der Gewährleistung der eigenen Unternehmungskontinuität. Die hierin in jeder Hinsicht zu übende Diskretion verbietet es, über solche Beratungsfälle weiteres mitzuteilen, die schließlich doch meistens dahin ausliefen, daß Erben ihr uneingeschränktes Recht am Unternehmen verlangten. Demzufolge sind aus diesen Ansätzen zu damals hier und da sogar die Öffentlichkeit erreichenden stiftungsbedeutsamen Eigenerwägungen in Unternehmerkreisen doch weder praktisch erprobte Modelle für neue Gründungen noch idealtypische Vorstellungen einer künftigen Unternehmensverfassung hervorgegangen. Mit entwicklungsgeschichtlichen Voraussagen ist nun allerdings diesem Thema auch nicht beizukommen. Es muß deshalb genügen, hierzu wenigstens vorsorglich thematisierend gesprochen zu haben.

5. *Funktionsträger-Stiftungen von reiner Art und in komplexen Realisierungen*

a) Eine zunächst mehr kategoriale, jedoch auch in der Gründungspraxis wirksame Tatbestandsunterscheidung und -verbindung wird durch die Bindestrichkoppelung der beiden Begriffe Funktionsträgerschaft und Stiftung ermöglicht. Der Alltag des gewohnten Umgangs mit den Leistungskennzeichnungen bestehender Einrichtungen mag dann allerdings auf eine solche, die besondere Aufmerksamkeit weckende Bindestrich-Markierung verzichten. Der so kombinierte Begriff gehört jedoch ganz einer neueren Epoche des Bewußtseinsfortschritts im Stiftungshaften an. Er hat über die Kennzeichnungsqualität, die er bieten kann, hinaus noch keine rechtliche Ausprägung erfahren und auch bei Neugründungen ist die Berufung auf das ganz Besondere solcher Gestaltungen bisher kaum vernommen worden.
Um beim die Stiftungsarten in ihrer unterschiedlichen Strukturierung verdeutlichenden Bild einer elliptischen Konstruktion zu bleiben, ist zunächst der Brennpunkt Zweckbetätigung in seiner eigenen Attraktion gegenüber dem der Vermögensqualität in einer Mittelausstattung deutlich zu machen. Was auch im gesamten Feld der Wirkungskombination dieser beiden Stiftungselemente an Besonderem bei einer Gründung auftreten mag, – so auch als etwas Anstalts- und Unternehmemenshaftes, – und wie dabei der Umkreis durch angemessene rechtliche Ausgestaltungen abgeschlossen sein könnte, stets wird doch im Brennpunkt der Eigen- und Zweckfunktion einer solchen Stiftung sich alles das sammeln, was ihren Betätigungsalltag ausmacht. Die Verwirklichung der einer solchen Stiftung zugewiesenen Aufgabe setzt immer die höchsteigene Betätigung der Stiftungsorgane voraus, in der Regel ist sie ausschließlich und ohne jeden Rest sonstiger Mitwirkungseinflüsse ganz

Sache des Stiftungsvorstandes selbst. Insofern handelt es sich tatsächlich um nichts anderes als um eine Funktionsausübung in höchst persönlicher Trägerschaft, also um die einer Stiftung in Identität mit ihrem Vorstand.

b) Dadurch ist von vornherein mit einer einzigartigen Neutralisierungsvorgabe ausgestattet, was einem jeden sonst die engere persönliche Sphäre, unter den Bedingungen von Gesellschaft und Staat, überschreitenden Tun und Lassen doch unweigerlich einen Zwangscharakter gibt, nämlich die Abhängigkeit von Vermögens- und Mittelausstattungen sowie die von Verbands- und Mitgliedschaftseinflüssen jeder erdenklichen Art. Die Leistungs-Zweckverwirklichung unmittelbar kraft aktualisierter Eigenverfassung läßt dabei sogar die traditionelle Begriffsbestimmung der Stiftung als verselbständigte Zweck-Vermögen-Organisation zurücktreten. Fallen nämlich Zweck und Organisation im eigenen Handlungsvollzug zusammen, dann kann die dazu nötige Mittelbereitstellung sich auch aus diesem Tätigwerden mit ergeben, insofern sie, wie etwa in Grenzfällen einer aufwendigen Urteilsbetätigung, überhaupt erheblich sein wird. Das personale Element tritt in einer geradezu absoluten Qualität hervor, so daß sich dazu wie von selbst auch die Frage stellen könnte, worin und wozu es dabei überhaupt noch der Ordnungsform Stiftung bedarf. Hierauf ist mit dem Hinweis auf die sogar jede Mächtigkeit des Persönlichen in allem Zweckhaft-Öffentlichem notwendigerweise noch übersteigende Qualifikation der Zweckverwirklichungsbindung selbst, sowohl in ihre Substanz als auch mit der sie abgrenzenden Ausformung, dies zu antworten: Nur die juristische Person vermag die persönlich bedingten Lebensumstände und deren Urteils-Willensbezeugungen zu überdauern, indem sie selbst durch strenge rechtliche Zurechnung objektiviert ist. Bei den beteiligten Personen wird, aus der Identifizierung mit der Aufgabe der Stiftung heraus, deren Uneigennützigkeit unter ihre rechtliche Bewährung gestellt. Zugleich wird damit deutlich, daß eine solche Objektivierung der Zweckverwirklichung in eigener Unabhängigkeit sich keiner anderen Rechtsform als jenes der bürgerlichrechtlichen und möglicherweise auch der eigenständig fundierten öffentlich-rechtlichen Stiftung bedienen könnte. Vereine mit ihrem unkontrollierbaren Mitgliederwechsel und mit ihrer Mehrheitspolitik bei der Vorstandsbestellung scheiden hierbei schon ohne weiteres aus. Für handelsrechtliche Organisationsformen ist insofern schon deshalb kein Raum, als bei diesen zum persönlichen Regiment auch noch eine Vermögensherrschaft hinzukommt. Rein vertragliche Zwecksetzungskombinationen könnten nur Anfangsstadien einer solchen Gründung absichern.

c) Mit welcher Ausschließlichkeit und Reinheit eine Funktionsträgerschaft sich in der Stiftungsgestaltung verwirklichen läßt, kann am Beispiel eines Zeitschriftenprojektes im Grenzbereich mehrerer wissenschaftlicher Disziplinen und bei konkurrierenden, weltanschaulich motivierenden Einflüssen (I 3 c) dargetan werden. Als Träger der Programm- und Redaktionsfunktion würde ein Stiftungsvorstand zu bestellen sein, der sowohl die Ausgewogenheit der hierfür notwendigen Meinungsbildung durch eigene Sachkunde als auch die Vertrauensgrundlage in der zugehörigen, fachlich qualifizierten Öffentlichkeit zu garantieren hätte. Die Stiftung selbst würde als notwendige Vermögensgrundlage das Urheberrecht an Titel und Ausstattung der Zeitschrift vorzuweisen haben. Ob in der Stiftungssatzung eigene Beziehungen zu Fachverbänden wissenschaftlicher Disziplinen wenigstens in Ansätzen wahrzunehmen sind, kann dem besonderen Fall vorbehalten sein: jedenfalls dürften auf diese Weise aber weder Mitwirkungsrechte bei der Programmgestaltung noch solche bei der Nachfolgeregelung im eigenen Vorstandskreis verankert werden.
Was über die Programmgestaltung und die Leistungskontrolle, so wie sie dem Vorstand obliegen, hinaus zur Herstellung einer Zeitschrift gehört, kann durch Vertrag einem Verlag anvertraut werden, so wie dies die übliche Praxis ist, - wenn nur die Ausrichtung und die Leistungsqualität des Vorhabens selbst in dem Bereich, dem es zu dienen hat, außer Zweifel steht. Besondere Zweckalimentierungen würden sowieso nach Art und Tragweite offenkundig zu machen sein. Die Initiative zur Gründung solcher Stiftungen muß nicht den eigentums- und vereinsmäßig schon ausgewiesenen Trägern von entsprechenden Urheberrechten vorbehalten bleiben. Solche können durch einen Stiftungsimpuls auch neu begründet werden. Etwaige freie Initiativen könnten sich in solchen Fällen als ein gänzlich uneigennütziger Dienst gegenüber Wissenschaft und Öffentlichkeit erweisen und so der Kontinuität in einem leistungshaft ausgeformten Geistesleben dienen.

d) Mit einer in ihrer den breitesten Kreisen der Konsumgesellschaft zugewandten Tätigkeit sich selbst entfaltenden Funktionsträgerschaft eigener Art kommt die von der Bundesregierung gegründete, jedoch mit voller Unabhängigkeit ausgestattete Warenteststiftung zur Darstellung. Als Instrument staatlicher Wirtschaftsrechtspolitik hat sie, besonders bei einer Ausweitung der Testvorhaben in den Bereich angebotener Dienstleistungen hinein, jedoch Aufgaben zu erfüllen, die sich mit den allgemeinen, durch die Rechtsprechung ausformulierten Regeln für jede Art von vergleichendem Warentest konfrontiert finden müssen. Insofern sind dann möglicherweise auch Risiken abzudecken, für die eine eigene Vermögensvorsorge im Stiftungsrahmen

letztlich nicht ausreichen könnte, – wenn auch der laufende Finanzierungsbedarf in den eigenen Leistungen ein Äquivalent, z. B. für Publikationen, erhalten würde. Die Funktionsträgerschaft als stiftungsbedeutsame Qualität findet sich hier wesentlich in der Unabhängigkeit einer dem Gemeinwesen zugute kommenden Betätigung verkörpert, wenn auch nicht schon deren ganzes Realisierungsfeld von einer solchen Zwecksetzung leistungshaft umfaßt werden könnte.
Damit ist ein bedeutsamer Hinweis auf das gegeben, was im Stiftungswesen bei dessen kategorialer Durchdringung geradezu als ein komplexartiges Mit- und Ineinander mehrerer Trägerschaftsmerkmale herausgearbeitet werden sollte. Im Hinblick auf die stets notwendige Zweck-Organisationenverknüpfung finden sich nämlich in jeder Stiftung auch eigene Elemente einer integrierten Funktionsträgerschaft. Auf diese wird in Zweifels- und Konfliktsfällen immer wieder zurückzugehen sein, sollen aus der selbstverantwortlichen Tätigkeit des maßgeblichen Stiftungsorgans sich notfalls wesentliche Impulse für die Neugestaltung einer in ihren sonstigen Realisierungskomponenten leistungsschwach gewordenen Stiftung erwarten lassen. Sogar gewichtige Sachkomplexe, wie zu Museen vereinigte Nachlaßmassen, besonders künstlerische und technisch-zeitgeschichtliche, wären auf diese Weise stiftungshaft zu aktivieren, ähnlich wie auch in sonstiger Weise Austattungshaftes, ja sogar bei der Sicherstellung von Materialien zu Leistungsbiographien von Zeitgenossen aus Wissenschaft und Politik, mit einem eigenen Fundus an Manuskripten, Archiven, Büchersammlungen u. ä. (I 3b).

e) Von hier aus würde es auch einen legitimen Weg zur Ausgestaltung von Beratungs- und Gutachterfunktionen zu jeweils bestimmt bezeichneten Aufgaben gegenüber der Öffentlichkeit geben können.
Allerdings müßte dabei jegliche Dotierungspatronage von Verbänden, oder gar von Unternehmen ausgeschlossen sein und es dürfte damit auch der staatlichen Bürokratie haushaltsrechtlich kein parlamentarischer Rückhalt für etwaige eigene Leistungsvorhaben gegeben werden. Wo allerdings derartig Idealtypisches, von der Formulierung des Stiftungsauftrags bis zu den Kreationsgarantien für die Stiftungsorgane, sich als exemplarisch uneigennütziges Projekt zur Verwirklichung anbieten könnte und wie diesem die nötigen Starthilfen ohne eigene spezielle Geltungsansprüche zu bieten wären, das muß wohl der Gunst der Stunde überlassen werden. Initiativen hierzu können aber immer von der produktiven Phantasie verantwortungsbewußter Mitbürger erwartet werden.
Das nach solcher Funktionsweise in der breitesten Öffentlichkeit der USA wirksame System von publizistischer Begutachtung und Meinungsbildung

stellt, - sich dabei allerdings in gewissen Geltungsgrenzen unter eigener Pluralitätsbehauptung abschirmend, - durch das damit erzeugte Klima der Konsensbildung ein erstrangiges Faktum in einer von selbstbewußten, aber doch nicht ganz unkontrollierten Eliten getragenen politischen Gesellschaft dar. Die dreifache Kennzeichnung "big" in Verbindung mit business, science und government verdeutlicht insofern das noch immer vorhandene Establishment, als die in diesem maßgebenden personifizierten Machtträger sich in einem Wechsel der eigenen Positionen zwischen Unternehmen, Politik und Stiftungen ungehindert frei bewegen, wobei letztere immer auch den Institutionen einer etablierten Wissenschaft gleichzustellen sind. Demgegenüber erscheint das nach der deutschen Theorie für das Stiftungswesen überhaupt, besonders aber für das einer Funktionsträgerschaft, kennzeichnende Merkmal der dreifachen Unabhängigkeit nun allerdings in einem Licht höchster Aktualität.

III. Wagnisse in der Selbstständigkeitsbehauptung und für die Eigenausstattung - Interessenbedingtes nach Stiftungsarten

1. *Gründung als Ausdruck originärer Verfügungsgewalt*

(a) Die Aufmerksamkeit, die Stiftungsgründungen gewöhnlich in der Öffentlichkeit erfahren, und das den bestehenden Stiftungen aus besonderen Anlässen fallweise zugewandte Interesse lassen nicht auf eine sich ohne weiteres bekundende, gleichmäßige Hochschätzung des Stiftungswesens in der breiteren Gesellschaft dieser Gegenwart schließen. Es kommen dabei nämlich fast nur solche Stimmen zu Wort, die für jeweils spezielle Leistungen einer Stiftung den Dank der daran Beteiligten abstatten, insbesondere aber bei wissenschaftlichen Förderungsmaßnahmen auch aus den weiteren Kreisen von nur mittelbar Beteiligten. Aber die Existenz von nur einen mehr individuellen Charakter aufweisenden Gründungen wird selbst kaum wahrgenommen. An einzelne bekannte Namen, wie solche aus dem Unternehmensbereich, kann sich jedoch eine deutliche Vorstellung vom Wirken einer Stiftung anschließen, wie etwa früher bei Zeiss in Jena. Besondere Fälle stellen sich vor allem in historischen Zusammenhängen mit kulturellen und sozialen Leistungen und Einrichtungen dar. Doch kann daran nicht ein allgemeines Klima echter Stiftungsvertrautheit gemessen werden. Öffentlich angestellte Reflektionen weisen meistens auf diejenigen zurück, deren eigene Sache die betreffende Stiftung jeweils ist.
Unter dem geltenden Recht, besonders nach den Grundrechtegarantien für Besitzstände und Entfaltungsfreiheit, ja sogar nach den praktizierten allgemeinen Regeln für die steuerliche Inanspruchnahme, die sich weitgehend in Belastungsfortschreibungen ausdrückt, ist das Stiftungswesen vor etwaigen Folgen heftiger Schwankungen in den öffentlichen Wertschätzungen einigermaßen sicher. Daran kann auch ein hier und dort einmal lautwerdender Argwohn gegen Sonderbegünstigungen durch Stiftungen oder gar ein solcher gegen eine fallweise Flucht in die Stiftung, - wie derartiges auch verstanden werden mag, - kaum etwas ändern.
Dennoch sollte vorausschauend, über ein Werben um neue Stiftungen im Geiste eines modernen Mäzenatentums und demgemäß unter Dankesbezeugungen für bereits Geleistetes hinaus, dem Stiftungswesen vor allem dadurch

Entfaltungsraum und Rang gegeben werden, daß ihm, und zwar in dem mit allen seinen wesentlichen Erscheinungsweisen schließlich doch Gemeinsamen, eine eigene Gestalt und Gestaltungskraft im Gemeinwesen zuerkannt wird. Allerdings würde noch kaum etwas damit getan sein, eine kataloghafte oder gar eine nach Vorteilsmerkmalen kennzeichnende Auflistung von Stiftungen, allgemein wichtigen und auch mehr besonderen, zur Beurteilung anzubieten und dabei sogar noch mit deren Namen einen Wettbewerb anzustellen. Es gibt übrigens keinen Schlüssel für vermutete Beurteilungsgeheimnisse im Stiftungswesen, der dieser Sache selbst von Nutzen sein könnte.
Eine Prüfung auf anzunehmende oder erwiesene Uneigennützigkeit im gegebenen Fall sollte nicht im Spielfeld einer Zeit- und Zivilisationskritik stattfinden, sondern, soweit sie überhaupt von Nutzen sein soll, sich an bestimmte Gestaltungen im Gründungsstadium zu halten haben; womit die rechte Deutung für die Stiftungspolitik überhaupt erst noch zu geben ist (IV).
Soll Gründungsfreiheit ein allgemein gültiges Postulat bleiben (4), dann wird der aktuelle Widmungsakt in dem auf Dauer gerichteten Gründungsgeschehen selbst auch der Ausdruck einer Verfügungsgewalt zu sein haben, die sich unmittelbar aus der Rechtsordnung herleitet. Staatliche Kompetenzen und gesellschaftlich begründete Mitwirkungserfordernisse wird es, auch soweit die Gründungen unter dem gesetzlichen Genehmigungs- bzw. Zulassungserfordernis stehen, bei der für jeden Fall allein maßgeblichen zweckgerichteten Widmungsschenkung nicht zu geben haben. Insofern geschehen die Stiftungen unmittelbar aus privater Hand und sogar fiskalische Gründungen unterwerfen sich dem Privatrecht, soweit sie sich nicht öffentlich-rechtlich einrichten und damit Ausdruck öffentlicher Organisationsgewalt sind. Der originäre gesetzliche Besitzstand bleibt bei jeder Gründung für das Widmungsgut erhalten. Es kommt dabei nur zu einem Wechsel der Hand im rechtlichen Verfügungsbereich.

(b) Die der familien- und erbrechtlichen Sphäre angehörenden Anfechtungen von stiftungsgerichteten Verfügungen sollten von nicht unmittelbar beteiligten Dritten, etwa unter politischen Ausdrucksweisen oder auch vor staatlichen Genehmigungsbehörden, kaum zulässigerweise erörtert werden dürfen. Die Zeiten solcher Gründungskämpfe sind mit denen eines gebundenen Eigentums des Feudalismus zu Ende gegangen. Derartiges sollte sich auch nicht bei etwa ähnlich beurteilten industriellen Objektkomplexen erneuern, wenigstens solange nicht dieserhalb ein reformiertes Unternehmungsrecht mit eigenen Bindungen maßgebend wird. Eine öffentliche Parteinahme gegen die Zulässigkeit von stiftungshaften Gründungsbeanspruchungen dürfte, bis an die Grenze etwaiger Pflichtteilsansprüche gesetzlicher Erben, keine Billigung erfahren.

Den vollen Umfang zivilrechtlicher Verfügungsgewalt können auch solche Stiftungsgründungen in Anspruch nehmen, die sich in der Kapitalgestaltung von Unternehmen auswirken. Das ist allerdings überhaupt nur eine grobe Formel, die zunächst mehr aus einer Vergleichbarkeit mit Eigentumstransaktionen in der Folge von Erbfällen zu interpretieren sein würde.

Eine Stiftung, die auf Dauer existieren und dabei ihrer Ausstattung sicher sein soll, muß sich selbstverständlich gegen jedes ernstliche Mißtrauen abschirmen dürfen, das ihr ihm Wirtschaftsleben entgegengebracht werden könnte. Hiergegen sind die nötigen Vorkehrungen dann allerdings schon in der Stiftungssatzung zu treffen. Die Eigentumsordnung gilt nämlich auch für alles Stiftungshafte. Der Begriff tote Hand war eindeutig an ein Rechtssystem gebunden, das mit der Säkularisierung des nach Kirchenrecht gebundenen Eigentums zu Ende gegangen ist und von einem Pfründenwesen kann bei auf sich selbst aktualisierende Zweckverwirklichungen gerichteten Stiftungen nicht gesprochen werden. Dennoch bleibt für Unternehmen, die ganz oder zu wesentlichen Anteilen Stiftungen gehören, eine besondere Finanzplanungsvorsorge Gründungsbedingung, und sei es nur insoweit, als man seine eigenen Lehren aus Zusammenbrüchen zieht, die sich anderweitig aus kapitalseitiger Unbeweglichkeit oder infolge von nicht hinreichend kontrollierter Konzernexpansion ergeben haben.

Wie allerdings in solchen Fällen, die nicht ganz allein schon aus der Stiftungssorgfalt für das eigene Vermögen und nicht aus einer vorwiegend gemäß den laufenden Dotierungsaufgaben orientierten Ertragspolitik vorausschauend und gewährleistend beurteilt werden können, tatsächlich zu verfahren ist, das bedarf jedenfalls eingebauter Entscheidungshilfen bei der Stiftung selbst. Demgegenüber ist besondere Vorsicht am Platze, wenn mit der Kennzeichnung eines stiftungsbezogenen Unternehmens oder auch der einer keinen privatwirtschaftlichen Dispositionen unterliegenden Vermögensmasse als »Unternehmen, das sich selbst gehört«, Politik gemacht werden sollte. Damit würde nämlich das Stiftungswesen überhaupt einer Rangminderung unterworfen, ist doch in jeder Stiftung der persönliche Faktor mit Verantwortung und Entscheidungsqualität bis zu einem solchen Grad der eigenen Bewährung ausgebildet, der kaum anderwärts übertroffen werden könnte.

Deshalb ist beim Lautwerden solcher Kennzeichnungen genau darauf zu achten, ob damit etwa dem Management der für Kapitalgesellschaften übliche Status des beauftragten Unternehmers aberkannt werden soll oder ob sich im Umkreis der Stiftung Interessen an deren Substanz formieren, die mit dem Vorwurf, die Stiftungsgestaltung lasse keine angemessenen Leistungsimpulse aufkommen, ihrerseits auf Diskreditierung und auf Verdrängung anderer gerichtetet sind. Mit solchen in der öffentlichen Meinung angesetzten Kampagnen sind schon manche Vermögens- und Leistungsgebilde um ihren Ruf gebracht und bei nicht hinreichender Selbstverteidigung zerfleddert worden. Dabei kann attraktiver Grundbesitz besonderen Gefährdungen auch durch öffentliche Planungen und politische Inanspruchnahme ausgesetzt sein.

(c) Neben dem Sachvermögen einer Stiftung sind die in ihr bereits mit dem Gründungsentschluß und -zuschnitt inkorporierten Werte des immateriellen Güterrechts besonders der Achtung und des Schutzes bedürftig. Diese Werte können schon im Gründungsstadium als Ausdruck einer orginären Verfügungsmacht erscheinen und ihrerseits mehr darzustellen haben, als etwa das Recht am eingerichteten Geschäftsbetrieb zum Ausdruck zu bringen vermag. Um Ideen, die sich in Stiftungen zu verkörpern vermögen, kann es sehr wohl auch zur Konkurrenz zwischen mehreren Gründungen, sowie daneben im Verhältnis zu Zweckkonfigurationen in der Verbändegesellschaft, in den politischen Betätigungsbereichen und, dann auf eine meistens sehr problematische Weise, sogar im Kulturleben kommen. Deshalb ist es wichtig, bei der Entfaltung neuer Gründungsvorhaben deren Legitimierung in originärer Verfügungsgewalt besondere Beachtung zu schenken.
Dies kann auch bei der Spendenwerbung für sich in Konkurrenz zueinander bewegenden Dotierungsabsichten Bedeutung haben, ist doch die richtungsmäßige Zersplitterung im sozialen und kulturellen Spendenwesen nicht allein im Lichte eines demokratischen Pluralismus zu sehen. Mit solcher Spendenlenkung braucht sich nämlich nicht ohne weiteres schon ein in mitgebrachten Leistungsqualitäten, solchen im Sinne eines deklarierten Vorhabens, selbst darzustellender immaterieller Stiftungswert zu verbinden. Möglicherweise kann es sich sogar um eine erstrebte Dienstleistungsgelegenheit für am offerierten Projekt Beteiligte handeln.
Solche Erfahrungen legen es nahe, nicht in pauschaler Weise über Stiftungsgestaltungsansprüche und -erwartungen zu urteilen, sondern dazu nach Stiftungsarten in einer weitschichtigen Ineressengesellschaft sachgemäß unterscheidende Vorstellungen auszubilden. Immer wird dabei ein prüfendes Zurückgehen auf den personalen Faktor hinreichender Legitimierung zur konkreten Verfügung über Sachen und Zwecke für sich selbst aufschlußreich und damit urteilswirksam sein können.

2. *Widmungsfreiheit unter den Bedingungen der Verteilungsgerechtigkeit*

(a) Die Stiftung ist als Ausdruck des für sie maßgeblichen Gründerwillens eindeutig der Person zuzuordnen, so wie diese in der Zivilrechtsordnung mit eigener Verfügungsgewalt ausgestattet und demgemäß unter dem Schutz der Grundrechte der Verfassung gestellt ist. Zugleich aber hat der Vollzug eines Stiftungsgeschäfts sich unter der zu diesem nötigen Widmung von Vermögenswerten auch in Staat und Gesellschaft als den Bereichen der geltenden und der auf Geltung angelegten Ordnungen mit einer eigenen Gültigkeit auszuweisen. Von welchen Prinzipien diese Ordnungen, sei es in der staatlichen Gesetzgebung und Exekutive, sei es in den manifesten Forderungen und Wertungen der organisierten und publizistischen Öffentlichkeit, auszugehen haben und was sie damit zur Lenkung des Stiftungsgeschehens beitragen können, das muß Gegenstand von aus stetiger Wachsamkeit zu treffenden Unterscheidungen sein. Die gegenständliche Verdichtung dieses Geschehens ist, hat einmal das Rechtsstaatsprinzip die nötigen Grenzen für einschlägige Aktionen gezogen, dem Sozialstaatsprinzip zur Klärung der einverwobenen Zusammenhänge und zur Deutung der Zweckbestimmungen anheim zu geben. In einem weiten Sinne der vieles zugleich durchdringenden Sozialstaatlichkeit ist nach jener Verteilungsgerechtigkeit zu fragen, die sich in den manifest werdenden Gestaltungen, dabei besonders in den auf Dauer angelegten, zu verwirklichen hat. Ist Klarheit darüber vorhanden, daß die Gründungsfreiheit nach Gesetz und Verfassung die Wahl der Stiftungszwecke und die Widmung der diesen dienenden Objekte vor Beeinträchtigung und Bevormundung zu schützen hat, dann kann es sich bei etwaigen Bewährungsanforderungen der Verteilungsgerechtigkeit nur noch um nach Normen und Verfahren genau abzugrenzende Sachgebiete handeln. Bleiben dabei alle bloß meinungs- und interessenhaften Sonderanforderungen an die sich vollziehenden Gründungen, solche nach Zweck und Mittelzuweisung, außer Betracht, dann ist es schließlich allein das Ordnungssystem der öffentlichen Finanzen, in dem konkrete Fragen nach der in Stiftungsdingen zu bewährenden Verteilungsgerechtigkeit gestellt werden können. Diese selbst hat in der modernen Welt als eine normenhafte Gesamtheit auf besondere Weise dasjenige zu umfassen und zu durchdringen, was sich als Steuerbeanspruchungen, dazu als Leistungen aus öffentlichen Haushalten und auch als belastende und begünstigende Währungsfolgen staatlicher Betätigung darstellt.

(b) Für das Stiftungswesen ist die Besteuerung seiner Gründungen und die der laufenden Geschäfte der insofern maßgebliche Ausdruck staatlicher Verteilungspolitik. Stiftungen sind aber in ihrer zweckgerecht auf Dauer gerichte-

ten Vermögensbewirtschaftung auch sehr tiefgehend von globalen Währungsmanipulationen und dazu von politischen Maßnahmen in den Bereichen von Grund und Boden abhängig.
Schließlich gilt es bei Gründungswidmungen auch einschlägige Aufbringungs- und Leistungsbeteiligungen der öffentlichen Hand in Betracht zu ziehen, seien es solche der Nichtinanspruchnahme von Objekten zur Besteuerung, seien es ergänzende Maßnahmen zu Lasten öffentlicher Haushalte. Andererseits sind aber auch solche Entlastungen bei Staat und Gemeinden, die durch das Eintreten von Stiftungen mit eigenen sozialen und kulturellen Beiträgen sowie mit anstaltsartigen Einrichtungen bewirkt werden, deutlich abgrenzend herauszustellen. Dabei sind allerdings auch, wenn nicht in den einzelnen Fällen so doch in ihren größeren Leistungsbereichen, die Stiftungen jeweils für sich in eine gesamtrechnungsmäßige Prüfung nach Verteilungsgerechtigkeit aufzunehmen.
Dem aktiven und passiven Status von Stiftungen ist die Spannung von Zweckerfüllung und Vermögenssicherung deshalb in besonderer Weise eingeprägt, weil es ihnen hierbei an der vollen Entscheidungsfreiheit und am hinreichenden Spielraum für eine Teilnahme am allgemeinen Wirtschaftsleben fehlt und weil sie auch andere Wege zur Erlangung von Verfügungsmitteln als jene, die ihnen ausdrücklich durch die eigene Satzung eröffnet sind, gar nicht beschreiten können. Der Gemeinnützigkeitsstatus schließt dies sogar fast gänzlich aus.
Das generelle Verbot von Währungs- bzw. Wertsicherungsklauseln bei der Anlage von Stiftungsmitteln findet jedoch nicht immer einen Ausgleich im Zinsaufkommen, da dieses, selbst unter einer Steuerfreiheit kraft Gemeinnützigkeit, meistens nur zur Erhaltung des Realwertvermögens nicht aber zur Dotierung von eigenen Zweckverwirklichungen ausreicht. Spekulative Finanzgeschäfte sind Stiftungen sowieso nicht möglich. Besonderen Schwierigkeiten bei der Anpassung von Erbbauzinsen an die Kaufkraft des Geldes konnten gelegentlich mit einer hinreichend abgeklärten öffentlichen Meinung zu Gunsten der uneigennützigen Leistungsträger auch in der Rechtsprechung begegnet werden.

(c) Die Besteuerung der Stiftungen knüpft primär an deren Rechtsform an. Öffentlich-rechtliche Gestaltungen sind Körperschaften des öffentlichen Rechts gleich zu behandeln, soweit sie sich nicht als Betriebe gewerblicher Art darstellen. Bei nichtrechtsfähigen Stiftungen sind die für diese jeweils besonders kennzeichnenden Sachverhalte in den Besteuerungszusammenhängen ihrer Obhut-und Destinatärsphäre zur Geltung zu bringen, so wie der spezielle steuergesetzliche Tatbestand dies bei entsprechender Auslegung vorschreibt. Nichtrechtsfähige Stiftungen des privaten Rechts und Zweckvermögen können allerdings unter besonderen Voraussetzungen sogar der Körperschaftspflicht unterworfen sein, wobei es eine Rolle spielt, ob ihr Einkommen nicht schon unmittelbar bei einem anderen Steuerpflichtigen erfaßt wird. Mit diesem Prinzip der Einmalbelastung der bei Stiftungen durchlaufenden Mittel wird auch in anderen steuerpolitischen Zusammenhängen rund um die Stiftung zu argumentieren sein.

Die Stellung steuerlicher Gemeinnützigkeit teilen die sich in dieser Hinsicht selbst qualifizierenden Stiftungen mit sonstigen unter die diesbezüglichen Gesetzesregelungen genommenen Körperschaften, Personenvereinigungen und Vermögensmassen. Insofern kommt es auch auf die Rechtsform der betroffenen bzw. begünstigten Stiftung nicht an. In dieser Hinsicht hat der Grundsatz der Gleichbehandlung zu gelten. Doch auch angesichts sonstiger Belastungen werden gemeinnützige Stiftungen sich ihres besonderen Charakters zu vergewissern haben, wie beispielsweise in der Abwehr von solchen Sonderbelastungen, die sie als mitgliedslose Vermögensträgern nach Körperschaftsteuerrecht treffen sollten.

Im Rahmen der Gemeinnützigkeitspraxis können auch immer wieder ganz spezielle Verhaltensweisen problematisch werden, jedoch müßte sich deren steuerliche Behandlung stets auf die für alle derart in Anspruch Genommenen gesetzlich gemeinsamen Tatbestandsmerkmale zurückführen lassen. Insofern ist sogar von einer Bindung des Gesetzgebers auszugehen, womit dieser gerade bei auf Dauer getroffenen Regelungen in Stiftungsgründungen nicht ohne eine ihrerseits bereits tiefgehende Änderung der Finanzpolitik überhaupt zu Veränderungen des Status der Gemeinnützigen übergehen könnte. Allerdings ist dem Gesetzgeber als dem Hüter der Verteilungsgerechtigkeit auch zum Thema der Gemeinnützigkeit die letztlich notwendige Gestaltungsfreiheit einzuräumen. Die Verfassung und demzufolge das BVerfG überlassen ihm deshalb zum jeweils konkreten Tatbestand die Entscheidung bei der jeweils maßgeblichen Steuerwürdigkeit, - ein vielleicht antiquiertes, aber immer noch treffendes Wort zur Sache, - auch hinsichtlich der Abgrenzung des Gemeinnützigkeitsrechts zum gemeinen Steuerrecht.

(d) Etwaige finanz- und gesellschaftspolitische Kennzeichnungen solcher Gemeinnützigkeitsvorgänge als Steuervergünstigungen, die dabei ihrerseits doch nur mehr terminologisch an ganz spezielle Formulierungen von gesetzlichen Tatbeständen angeknüpft werden, - dies alsdann aber mit einer besonderen Betonung in ministeriellen Subventionsberichten, - sollten für die Beurteilung von substantiellen Tatbeständen des steuerrechtlichen Systems durchaus keine eigene Rolle zu spielen haben. Der Gemeinnützigkeitsstatus ist tief im System der öffentlichen Finanzen überhaupt mitverankert und ge-

rade die auf Dauer gegründeten Stiftungen bringen selbst schon eine institutionelle Zuordnung zum Ausdruck, die immer auch öffentlich respektiert werden sollte. Dafür bedürfte es eigentlich nicht noch geradezu der Berufung auf ein primäres Verfügungsrecht über eigene Mittel zum gemeinen Nutzen, dem gegenüber die öffentliche Finanzfunktion sich nach dem Subsidiaritätsprinzip ohnehin in Schranken zu halten hat. Eine universalistisch orientierte Finanzrechtslehre wird sowohl die Leistungen und Beanspruchungen der öffentlichen Hand als auch die Bereitstellungen und Vorsorgeopfer von gemeinnützig Handelnden umfassen müssen, - wenn überhaupt Verteilungsgerechtigkeit in Freiheit verwirklicht werden soll. In diesem Rahmen werden nämlich durch das Medium der Gemeinnützigkeit zumindest insgesamt global bezifferbare Mittel aus einem Besteuerungsverzicht der öffentlichen Hand, - damit also schließlich doch der Gesamtheit der steuerzahlenden Bürger, - zusammen mit originär eigenen Bereitstellungen aus in jedem Sinne freien privaten Schenkungen zu gesetzlich umschriebenen Zwecken kraft gestaltender Einzelentscheidungen von bürgerlichrechtlich hierzu Befugten dem Gemeinwesen zugeführt.
Ohne die Hilfen einer solchen Gleichbehandlungsprämisse, wie diese unter dem Gemeinnützigkeitsrecht einem weit entfalteten Stiftungswesen zusammen mit mancherlei Gleichartigem angemessen ist, wird dann auch für die Familienstiftungen ein gleichfalls anerkennungswürdiger Weg durch die vielfältigen Beanspruchungsrealisierungen des Gemeinwesens hindurch gefunden werden müssen. Dies wird allerdings nicht so sehr dem dabei wahrgenommenen rechtlich Stiftungsförmigen zu gelten haben als vielmehr bestimmten Substanzkomplexen, so wie diese mit ihren besonderen Gestaltungsanliegen von Familienvermögen, - unter der Garantie des verfassungsgebundenen Erbrechts in der jeweiligen Ausbalanzierung der gesellschaftlichen Kräfte, also insoweit auch geschichtlich bedingt, - sich wie eh und je einer Verteilungsentscheidung ausgesetzt finden. Insofern stellt das Erbschaftsteuerrecht eine zwar steuertechnisch besondere, zugleich aber gesamthaft finanzrechtlich gemeinte und gezielte Ausformung des Anspruches eines Gemeinwesens an den Nachlaß der Rechtsgenossen dar. Die dabei zu vollziehende Teilung hat weniger mit der Deckung des öffentlichen Finanzbedarfs zu tun; sie will Gerechtigkeit in der gesamthaften Verteilung dessen schaffen, was sich im Wirkensgeschehen von Staat und Gesellschaft zu Vermögen in privater Hand verdichtet hat und dabei des allgemeinen und besonderen Rechtsschutzes teilhaftig geworden ist und bleiben soll.

(e) Aus rechtsgeschichtlicher Sicht und im Sinne einer gegliederten, von persönlicher Vorsorge motivierten Gesellschaft ist den Familienstiftungen der

Raum zu geben, den sie selbsttätig auszugestalten vermögen. So würden Familienstiftungen in eigener Unternehmensträgerschaft, solange diese währt, keinen zusätzlichen periodischen Kapitalbeanspruchungen für Erbschaftssteuerzwecke ausgesetzt werden dürfen. Anderenfalls müßten solche Stiftungsbindungen nach den Prämissen eines fundierten Unternehmensrechts ausgeschlossen werden.

Wenn auch das Stiftungsrecht der Teilungspraxis der Erbrechtsregelungen seinerseits sach- und leistungsgerechte Gestaltungsweisen anbieten könnte, so sind doch auf dem Boden des Stiftungswesens keine politischen Teilungsentscheidungen zu fällen. Das Stiftungswesen selbst dient als Garant eines dem Gemeinwesen gemäßen Gebrauchs von Vermögen in der Hand eigens beauftragter Verantwortungsträger. Damit ist es vor Anzweifelungen aus Motiven einer zu realisierenden Verteilungsgerechtigkeit sicher gestellt.

3. *Anpassungsvorkehrungen unter Identitätswahrung*

(a) Für jede Stiftung ist im Zeitverlauf und ihrer besonderen Struktur nach mit wechselnder Dringlichkeit immer auch die ganz elementare Frage des eigenen Fortbestehens gestellt. Das hängt eindeutig damit zusammen, daß die Stiftung selbst niemandes Verfügungsgewalt unterliegt, weder der aus Eigentum an Sachen noch der von Entscheidungen mitgliedschaftlicher Personenkreise und politischer Hoheitsträger oder Organisationen. Was sich so in seiner rechtlichen Gestalt zwar nicht selbst gehört, aber doch ganz als in sich eingeschlossen erscheint, ist an den vollen Zusammenklang der drei Konstitutionsfaktoren Zweckbestimmung, Mittelausstattung und Eigenorganisation zu ihrer ununterbrochenen Aktualisierung ganz und gar auch mit ihrer Existenz gebunden. Das sich unter Sach-Zweck-Widmung in der Gründungsentscheidung Verwirklichende muß dann mit seiner Eigenausstattung in der Selbständigkeitsbehauptung stets den Wagnissen begegnen, die eine solchermaßen ideenhaft-rechtliche Existenz zu bedeuten haben. Dies gilt ohne weiteres für alle rechtlich selbständigen Stiftungen. Bei unselbständigen Stiftungen ist die Bestands-und Identitätswahrung, möglicherweise unter einer bei der Gründung installierten Kontrolle der einschlägigen Öffentlichkeit, im Vertrauen auf treuhänderische Sachwalterschaft oder in einem rechtlich bekräftigten Inkorporierungsverhältnis zu fundieren.

Die Gewährleistung eigener Existenz ist beim normalen Verlauf der Stiftungsbetätigung bereits im gesetz- und satzungsmäßigen Handeln der berufenen Organe zu bieten. Das auf diese übertragene Vertrauen kann sich durch ihre personelle Zusammensetzung nach Herkunft und Stellung, vor allem bei

einer Nachfolgeregelung unter Mitwirkung zugeordneter Beobachter, sowie durch geregelte Rechenschaftslegung bestätigt finden lassen. Hierin das der besonderen Sachlage gemäß Erforderliche zu sichern, ist das Thema originär stiftungsrechtlicher Vorsorge, - diese in einer alle besonderen Gestaltungsweisen, auch die der juristischen Person des BGB noch übergreifenden Bedeutung verstanden - jedoch gleichzeitig ist dies Aufgabe aller im Gründungsstadium Mitwirkenden.
Bei gewissenhafter Beobachtung der schiedsgutachtlichen Praxis in Konflikts- und Notstandssituationen wird sich für die dabei zu bewährende Fallgerechtigkeit auch eine Hinwendung zu Grundsätzen eines allgmeinen Stiftungsrechts ermöglichen lassen, das in seiner exemplarischen Bedeutung jedoch als eine reine Verhaltenslehre (IV) erst noch zu verdeutlichen sein wird.

(b) Auf gute und sachgerechte Praxis kommt es aber vor allem anderen deshalb an, weil die Verwirklichung eines Stiftungsauftrags nicht nur im Zeitverlauf mit dessen ursprünglichen Motivationen ins Unbestimmte von schließlich kaum noch aktuellen Geltungsansprüchen führen kann, sondern bereits schon nach wenigen Jahren können sich im Abstand zur Gründungssituation neue Erfordernisse sinn- und zweckgerechter Verwirklichung des Stifterwillens wie von selbst aufdrängen. Gerade der stets latent wirksame Vorwurf, Stiftungen erstarren in Vergangenem, läßt solche Neu- und Uminterpretationen virulent werden. Derartiges muß sich allerdings immer auf genau bestimmbare Sachprobleme reduzieren lassen und dabei den festen Bezugspunkt im Gründerwillen bewahren. Dieser ist als Stiftungsgeschäft ein für allemal verkörpert anzusehen und jeder Versuch zu seiner Erkundung und Verdeutlichung hat den maßgeblichen Text der Dokumente und dessen objektiv festzustellenden Sachbezüge zur Geltung zu bringen.
Solche Interpretationen haben sich jedoch auf die Zweck- und Auftragsbedeutung, insofern diese verwirklichungsmäßig mit den Sachverhalten der jeweiligen Gegenwart zu tun hat, zu beschränken, weil sonst möglicherweise doch nur Erstarrungs- und Privilegierungsmomente wirksam werden könnten. Ob auch die Vermögenspflege sich dabei neuen Verhältnissen anzupassen hat, hängt von der Dotierungssubstanz in ihrer Bezogenheit auf die Dotierungszwecke ab, insofern aber auch von praktisch erprobten Verhaltensgrundsätzen.
Die Organisationsregelung einer Stiftung sollte jeder Anzweiflung im Zeitverlauf und aus geänderten Verhältnissen entzogen sein, indem sie eindeutig auf klare Tatbestände, so vor allem bei der Sicherung anerkennungswürdiger Nachfolge im jeweils verantwortlichen Personenkreis, gerichtet ist. Bei Funktionsträgerstiftungen ist allerdings die Auftragsverwirklichung ebensosehr

von den Verhältnissen im jeweiligen Realisierungsfeld wie von der personalen Struktur gemäß der Stiftungsverfassung abhängig.

(c) Als besondere auch nach den Stiftungsgesetzen zu umgestaltenden Maßnahmen zwingende Anlässe des Eingriffs in den Bestand einzelner Stiftungen kommen die eines Fortfalls des Zweckes in seiner satzungsrechtlichen Bestimmtheit in Frage. Hierbei ist große Gewissenhaftigkeit in der Beurteilung und Behutsamkeit im Vorgehen zu fordern, also mehr als bloß verbale Pietätsbekundungen gegenüber einer Stifterpersönlichkeit. Dessen Werk hat sich doch meistens in einem ausgeprägten Eigenleben entfaltet und muß so mit dessen Um- und Mitweltverhältnissen auch anpassenderweise gewürdigt werden. In den einzelnen Stiftungssatzungen sollte deshalb, u.U. durch Textergänzungen noch in Zeiten ungetrübter Identitätsgewißheit, ein Verfahren zur auch öffentlichkeitswirksamen Erörterung eines Umgestaltungsanlasses und seiner Entsprechungen im Gründerwillen festgelegt werden. Dies schon deshalb, weil ein Zurückfallen auf Kompetenzen der zuständigen Stiftungsaufsichtsbehörde nicht nur etwaiger auf diese anzusetzender politischer Aktionen wegen, sondern auch ganz grundsätzlich auszuschließen ist, um nämlich die restlose Neutralität der Staatsfunktion in allem Stiftungsmäßigen überzeugend zu verdeutlichen.
Bei situationsbedingten Sondergründungen könnten Anpassungsaufgaben als ständig gestellt erscheinen, wenn diese bei minimaler Eigenausstattung immerfort nach neuen Dotierungen ihrer Zwecke Ausschau halten müssen. Eine solche Lage kann in doppelter Hinsicht vorgegeben und insofern sachgerecht beurteilbar sein. Wenn beispielsweise nach Art einer Funktionsträgerstiftung ein Leistungsthema mit treffenden Kennzeichnungen zu seiner Handhabung satzungsrechtlich herausgestellt worden ist, dabei etwa gar ein solches als am Vorbild im Lebenswerk eines Gelehrten, Künstlers oder auch in dem eines bewährten Politikers ausgerichtet erscheint, – dann sollte dieses Leistungsthema sogar unter geänderten Verhältnissen aktualisiert und in einer neuen Identitätsbezeugung bestätigt werden können. Zugleich damit aber würde auch ein neuer oder erweiterter Kreis zu Nachstiftungen für eine zugleich situationsgerecht angepaßte Zweckverwirklichung nicht nur angeregt und verpflichtet, sondern, verbunden mit dem Namen der Stiftung, auch einem größeren Teilnehmerpublikum vorgestellt werden können. Je selbstverständlicher dies in die Hand genommen wird, umsoweniger sollte auch bei einem solchen fortgeführten Gründungsgeschehen sich Argwohn auf eine manipulierte Wahrnehmung von Stiftungsaufgaben zu richten haben.
d) Bei Unternehmensträger-Stiftungen sind Anpassungen nicht nur der Verpflichtung zur Identitätswahrung wegen zu erwägen, sondern vor allem der

Leistungsfähigkeit im allgemeinen Wirtschaftsprozeß wegen streng sachgerecht und dabei vor allem rechtzeitig in die Wege zu leiten. Die Unternehmenssubstanz hat, auch in einer Abwandlung der betrieblichen und branchenmäßigen Vorgabe, möglichst bewahrt zu werden, so daß sich die mit deren Aktivierung verbundenen Mitarbeiterkreise zwar nicht in einem Selbstversorgungsprivileg aber doch in ihrer Werks- und Leistungstreue bestätigt finden können. Haben dabei in Sanierungszeiten die fremdnützigen Dotierungen zwar zurückzutreten, so ist doch die Substanz auch nicht als eine Teilungsmasse an Bevorrechtigte aufzuopfern. Die Stiftung hat ihre Identität der Nutzungswidmung sogar bei Umgestaltungen in der Substanzgrundlage immer noch selbst zu bezeugen. Das gilt besonders für die nicht auszuschließenden Fälle einer erforderlich werdenden Beteiligung von Kapitalgebern und auch von Trägern besonderer Unternehmensinitiative am Stammunternehmen oder an von diesem ausgegliederte Betriebsgesellschaften.
Um derartiges zu ermöglichen, sollte schon bei Stiftungserrichtung für eine sich mit dieser identifizierende Unternehmensgestaltung die Umwandlung einzelner selbsttragender, nötigenfalls stiftungsseitig auszugründender Betriebseinheiten auf Kapitalgesellschaften vorgesehen werden. Umso unabhängiger wird sich damit das Gebilde Unternehmensträger selbst in seiner eigenen Stiftungsqualität herausstellen lassen. Einem beliebigen Argwohn, der sich etwa gegen Stiftungen im Unternehmensbereich mit Berufung auf Verfassung und Verfahrensweisen der Marktwirtschaft richten mag, sollte mit solchen Gestaltungsvorkehrungen jedenfalls begegnet werden können.
e) Für derart besondere Vorgänge, zugleich aber auch für jede tiefer gehende Umgestaltung im Vermögens- und Leistungsgefüge von Stiftungen, bedarf es des Rates von in jeder Hinsicht unabhängigen Sachkundigen. Die Stiftungsaufsichtsbehörden können dazu keine eigenen Funktionen entwickeln, wenn sie sich für die von ihnen in Problemfällen zu treffenden Entscheidungen ihre Unvoreingenommenheit wahren wollen. Interessenbedingte Einflüsse Dritter, auch von gesellschaftspolitisch aktiven Organisationen, sind in solchen Lagen stets fern zu halten, bedarf doch schon die öffentliche Meinungsbildung in Stiftungsfragen einer ganz besonderen Pflege.
Auf höchster Ebene einer rechtsstaatlichen Verantwortung für das Stiftungswesen sollten deshalb zumindest vorsorglich als Vormerkung doch solche Einrichtungen in Betracht gezogen werden, die, notfalls auch aus eigener Veranlassung, derartige Beratungsaufgaben in einem gesamtheitlichen Interesse übernehmen könnten. Ansatzpunkte hierzu gibt es sogar schon im Stiftungswesen selbst; so dort, wo von einer unabhängigen Gründung die Aufgabe, als eine Studien- und Forschungsstelle für Stiftungswesen tätig zu sein, ausdrücklich übernommen worden ist. Unter der weit gefaßten Aufgabenstellung ei-

ner vorausschauenden Pflege der Stiftungsüberlieferungen und -aktivitäten in ihrer ganzen Tragweite würde solchen Bereitstellungen für Problemfälle die nötige Aufmerksamkeit zu schenken und ihnen auch uneigennützige Mitwirkenshilfe zuzuführen sein.

4. *Eigene Standortbestimmung im Wandel öffentlicher Geltung*

(a) Dem Stiftungswesen muß aus vielerlei Anlässen und auf sehr unterschiedlichen Gebieten seiner öffentlichen Geltung nicht nur Aufmerksamkeit und Verständnis zuteil werden, ihm sollte auch mit vorausschauender Hilfsbereitschaft im Wandel der Verhältnisse in Staat und Gesellschaft überzeugungswirksam begegnet werden. Das wird vor allem durch die Ermutigung zu eigener Standortbestimmung zu geschehen haben, und zwar nicht nur bei Organisationen zur öffentlichen Meinungspflege und rechts- bzw. finanzpolitischen Interessenwahrung in Stiftungsangelegenheiten, sondern ganz eindeutig und nachhaltig auch auf seiten der einzelnen Stiftungen selbst, soweit diese irgend ins Licht der Öffentlichkeit treten. Niemals darf dabei außer Acht gelassen werden, daß jede Stiftung von einiger Bedeutung zwar mit ihren Leistungen durchaus dem Gemeinwesen zugewandt ist, gerade deshalb aber auf Dauer nur aus dessen uneingeschränkter Bejahung und Förderung existieren kann.
Ist die einzelne Gründung vor allem als Ausdruck einer originären Verfügungsgewalt von Rechtsgenossen (1) ohne jeden Einwand, dieser sei denn gesetzlich exakt begründet, zu bejahen, so ist schon bei der entscheidungshaft freien Widmung von Vermögenswerten und Leistungspositionen an Stiftungen doch stets den Bedingungen zu genügen, die aus Prinzipien und aktuellen Realisierungen der gesamthaft zu wahrenden und zu verwirklichenden Verteilungsgerechtigkeit (2) ihre Anerkennung fordern können.
Die Gewährleistung des Stiftungswesens in der Rechts- und Gesellschaftsordnung ist dazu wesentlich davon abhängig, daß die Wahrung der Identität einer jeden Stiftung durch deren eigene Anpassung in Zweckerfüllung und Ausstattung so geschieht, daß das in sie gesetzte Vertrauen nicht beeinträchtigt wird (3). Eine höhere Qualifikation wird das Stiftungswesen als ein Strukturelement im politisch, sozial und kulturell Gesamthaften schließlich aber nur, – will es seiner Legitimation in diesem ganz sicher sein, – durch seine in diesen Machtbehauptungs- und -verteilungskomplexen zu entfaltenden eigenen Ausgleichswirkungen erlangen können (5).

(b) Zwischen diesen Voraussetzungen und Anforderungen, die sowohl der Zuerkennung einer Eigenausstatttung als auch der Anerkennung einer Selb-

ständigkeitsbehauptung dienen, hat die eigene Standortbestimmung der Stiftungen sich derart zu aktualisieren, daß sie dem Wandel in den öffentlichen Angelegenheiten zumindest insoweit gerecht werden, als von diesen ihr eigener Geltungsanteil abhängt. Das erfordert eine Anpassung in der motivationshaften Orientierung, die eine jeweils eigene Identität sogar noch über die in jedem Fall maßgebliche Mittel-Zweckkonfiguration hinaus zu wahren weiß. Nur so kann auch den politischen Einwirkungen begegnet werden, denen das Stiftungswesen und mit diesem seine wesentlichen Ausgestaltungen, wenn auch mit wechselnder Intensität und Interessenzuspitzung, immer ausgesetzt sein werden.
Die Hauptschwierigkeit einer sachgerecht motivierten und instrumentierten Öffentlichkeitspolitik für das Stiftungswesen liegt in der schrankenlosen und nicht kontrollierbaren Verwendung des Namens und Titels Stiftung für höchst unterschiedliche Leistungszwecke und Eigenveranstaltungen ihrer Veranlasser und Repräsentanten. Das ist praktisch-politisch nicht zu ändern, da nur bei Rechtsmißbrauch im ganz konkreten Fall einer Verwendung der Stiftungsbezeichnung zu Täuschungszwecken entgegengetreten werden kann. Der Sprachgebrauch deckt nämlich bereits eine nur subjektiv gemeinte, objektiv oft nicht nachweisbare Behauptung, daß irgend etwas von mehr oder weniger Wirkungsdauer und Tragweite ge- und begründet werden soll. Die Beifügung des Wortes Stiftung meint insofern nur eine Gründungsbehauptung mit erstrebten Geltungsfolgen. Bei nichtrechtsfähigen Veranstaltungen dieser Art kommt zum Wort Stiftung häufig nur noch eine Namensnennung, als Veranlasser oder Bezugsperson, hinzu und allenfalls eine Sach- und Zweckkennzeichnung. Für die Abgrenzung eines eigenen Schutzbereiches gibt es in dem so gekennzeichneten bloß nominell Stiftungsmäßigen demzufolge keine Tatsachen- und Begriffsmerkmale.

(c) Damit könnte dieser ganze Problemkomplex auf diejenige Fragestellung zurückgenommen werden, mit der in zu verzeichnenden Einzelfällen um der Schutzwürdigkeit des Stiftungsnamens willen, – gerade auch einer ungerechtfertigten Berühmung öffentlicher Geltungsansprüche wegen, – zum konkreten Sachverhalt einem offenkundigen Ärgernis begegnet werden muß. Aber auch hierbei ist zunächst erst einmal zu respektieren, daß Stiftungen immer aus ihrem eigenen, ihnen vom Gründer eingeprägten Willen zu handeln haben. Abgrenzungen gegenüber einer prinzipiellen Radikalität in der politischen Gesellschaft vorzunehmen, ist nicht in erster Linie die Sache von etwa hierdurch betroffenen Stiftungen, sondern die der miteinander gesamthaft verbundenen Eigentums- und Leistungspositionen überhaupt. Sozusagen Herrenloses läßt sich dabei allerdings oftmals etwas risikoloser attackieren.

Vom Wort Stiftung allein können dazu jedoch auch keine magischen Wirkungen ausgehen und Verleumdungen reagieren manchmal schon auf selbstgemachten öffentlichen Nimbus.
Die bisher heftigsten, die Öffentlichkeit stark erregenden Angriffe auf das Stiftungswesen hat es im ersten Jahrzehnt nach dem zweiten Weltkrieg in den USA gegeben. Dabei gingen höchst aktuelle politische Verdächtigungen, solche der MacCarthy-Epoche, zusammen mit Angriffen auf steuerliche Sonderpositionen. Mehrfach hatte der US-Kongress sich in hearings seiner Untersuchungskommissionen hiermit zu befassen. Unter den besonderen demokratischen Organisationsverhältnissen in der Bundesrepublik würde sich die hierin liegende speziell politische Thematik schon mit dem Hinweis darauf abtun lassen, daß sowohl von den Bundestagsparteien als auch von großen Interessenverbänden bestimmte eigene Zweckgründungen doch nur der besonderen Tendenzkennzeichnung wegen hinweishaft Stiftungen genannt worden sind, daß sie sich aber meistens doch durch einen e.V.-Vermerk in ihrem Namen eindeutig als von beauftragten Sachwaltern nach Mehrheitsweisungen geleitete Hilfsorganisationen selbst näher kennzeichnen. Auch besondere Aktivitäten, etwa solche in Entwicklungsländern, die von ihnen ausgehen, wären in der öffentlichen Kritik also nicht dem Stiftungshaften als etwas dieses als solches Kennzeichnendes zuzurechnen.

(d) Daß die Dotierungspraxis namhafter Stiftungen zu mancherlei ihre öffentliche Geltung und finanzrechtliche Sonderbehandlung in Frage stellenden Erörterungen innerhalb von hierzu auch durch eigene Erwartungen motivierten Kreisen führen könnte, ist niemals auszuschließen. Die demgegenüber mit ihren Erwägungen und Entscheidungen zur jeweils in Anspruch genommenen besonderen Leistungsthematik veröffentlichten Berichte solcher Stiftungen haben bisher eine etwa durch Sonderforderungen getrübte Atmosphäre doch immer noch weitgehend zu bereinigen vermocht (2). Das in seiner wesenseigenen Freiheit zu entfaltende Geistesleben hat sich aber - noch über alle so wohlmeinenden Toleranz- und Harmonisierungbekundungen hinaus - stets mit der eigenen Pluralität in den vor die Öffentlichkeit gebrachten Leistungen auch selbst konfliktüberwindend auszuweisen.
Mit der Existenz und Betätigung von Stiftungen in Kultur, Wissenschaft und Kunst im Sinne einer echten Gemeinwesenfundierung hat diese Problematik doch nur insofern zu tun, als in solchen Betätigungsbereichen sich die Konkurrenz der Ideen, die selbst etwas ganz elementar Notwendiges und Selbstverständliches ist, immer mit ganz bestimmten Förderungsvorkehrungen verknüpft findet. Kulturelle Monopole kennt die freie Welt des Westens nicht und die Kirchen üben sich sogar ihrerseits mehr in einer Pflege vielfältiger

Meinungen. Die Bevorzugung von kulturellen Einzelleistungen durch Mäzene wird deshalb meistens auch recht wohlwollend aufgenommen.
Stiftungen im Gemeinnützigkeitsstatus kommen jedoch an kritischen Kennzeichnungen ihres Verhaltens dann nicht vorbei, wenn sie mit diesem im besonderen Fall allzudeutliche weltanschauliche Signale setzen wollen. Manches dabei unnötigerweise aufgebrachte Ärgernis ließe sich vermeiden, wenn mit dem jeweils besonders geförderten Zweck nicht auch noch eine eigene Propaganda getrieben, sondern statt dessen immer wieder die Vielfältigkeit im anerkannten und auch im betätigten Stiftungsgeschehen überhaupt betont werden würde. Das entscheidende Kriterium hierfür wird in einer durch erwiesene Uneigennützigkeitsbewährung (IV 2) neu motivierten Gründungs- und Fortgestaltungspraxis des Stiftungswesens anzubieten sein (IV 5). Schließlich werden aber auch mit scharf abgegrenzten eigenen Weltanschauungsvorgaben wirkende Stiftungen sich in einem längeren Wandlungsgeschehen des Kulturellen insgesamt stets durch die eigene Praxis bewähren müssen. Geschieht dies ohnehin, besteht auch keine Veranlassung, Stiftungen etwas zu verargen, was dem Staatsbürger nach den Grundrechten gestattet ist, nämlich unter den anerkennungswürdigen Förderungszwecken des Kulturlebens mit dem Einsatz eigener finanzieller Mittel frei zu wählen.

(e) Kann so die Stiftungsscene unter den Bedingungen einer offenen Gesellschaft und eines pluralistischen Geisteslebens als entspannt und gegen Anwandlungen von Zivilisations- und Weltanschauungsärgernis bisher noch weitgehend geschützt angesehen werden, so sollten immer schon möglichst lautlos funktionierende Vorkehrungen gegen Mißverständnisse, Argwohn und unfreundliche Nachrede, gerade für die doch weitgehend ungeschützt in einer Konkurrenzzivilisation dastehenden Stiftungen, vor allem solche in ihrer Vereinzelung, getroffen werden. Voll institutionalisierte Stiftungen leisten Derartiges am besten für sich selbst und die unter bestimmten sozialen und kulturellen Kennzeichnungen gruppenhaft wirkenden Stiftungen könnten diese Aufgabe in eigenen Verbänden meistern. Die Unternehmensträgerstiftungen sollten sich, soweit sie als AG oder GmbH organisiert sind, aber stets auch als unter Handelsrecht stehender Einzelkaufmann, auf dasjenige im Berichts- und Prüfungswesen berufen können, dem sie sowieso pflichtgemäßig gerecht zu werden haben.
Für die große Zahl der hiernach ohne besondere Zu- und Einordnung verbleibenden Stiftungen wird nur in mehr eingeschränkter Weise eine staatliche Aufsichtsbehörde mit Kontrollen eintreten können, und dies überhaupt nur bei rechtsfähigen Stiftungen. Prüfungsverbände nach Art des Genossenschaftswesens würden keinen Ansatzpunkt in persönlichen Mitgliedschafts-

rechten und -interessen haben können. So bleibt zur Erwägung zu stellen, ob nicht eine Funktionsträgerstiftung eigener Art, die ihrerseits nur zur Dokumentierung von Stiftungsgeschehen im Lichte seiner öffentlichen Geltung da zu sein hätte, - wenn auch nicht zugleich für sich dabei etwa ergebende Vorsorge- und Sanierungsfälle (3 e), - ins Leben zu rufen und der Gesamtheit der in ihrer Selbständigkeit vereinzelt darstehenden Stiftungen für ihre besondere Öffentlichkeitszuwendung anzubieten sein würde. Die auf eine eigene Standortbestimmung der Stiftungen dringende, aber auch angewiesene Öffentlichkeit würde dies schon durch ihr Geltungsattest zu honorieren wissen. Stiftungswürdigkeit könnte so zu einem Titel im allgemeinen Sprachgebrauch werden.

5. *Machtverteilungsinstrumente in der Bewährung*

(a) Mit der Verdeutlichung der einer jeden Stiftung vorbestimmten selbstkritischen Aufgabe, nämlich durch die eigene Standortbestimmung im Wandel der öffentlichen Verhältnisse nicht nur ihre besondere Stellung zu behaupten, sondern auch der Geltung des Stiftungswesens als eines besonderen Strukturelements des politisch, sozial und kulturell Gesamthaften zu dienen (4), verbindet sich ganz zwangläufig eine weitere Aufgabe, die allerdings nicht gerade häufig offen zutage tritt. Es ist die des Ausgleichs in den ständigen Auseinandersetzungen um Einfluß und Macht nicht nur auf bestimmten Leistungsgebieten, sondern auch in den politischen und gesellschaftlichen Zusammenhängen überhaupt. Die einzelne Gründung ist meistens wie selbstverständlich auf Vermeidung von Konflikten und Rivalitäten gerichtet, wenn sie nicht sogar stillschweigend eine Anlehnung bei bereits gesicherten Positionen sucht. Es gehört aber zum Wagnischarakter einer jeden Eigenexistenz, daß diese zur Selbständigkeitsbehauptung hinzu, auch wenn diese nur eine solche der ihr gestellten Aufgaben wegen ist, noch mit einer Eigenausstattung an sächlichen und personellen Mitteln auftritt, die ihre Leistungen in Unabhängigkeit zu fundieren hat. Beides verbindet sich zu unausweichlichen Abgrenzungsanlässen.

Auflockerung und Entschärfung von Machtverhältnissen im eigenen Umfeld ist aber nicht nur ein natürliches Interesse jeder Stiftung, diese kann mit ihrer eigenen Zweckbestimmung sogar planmäßig darauf angesetzt sein, selbst der Machtentflechtung in bestimmten Zusammenhängen ihrer Leistungsverwirklichung zu dienen. Das wird nicht immer ohne Gegenwirkungen aus solchen Positionen bleiben, die damit, wenn nicht eine Begrenzung in ihrem Wirken, so doch eine Betätigungskonkurrenz erfahren. Das kann auf vielen

Gebieten, besonders aber im Bildungswesen und bei manchen sozialen Einrichtungen deutlich werden, aber auch in allen sonstigen der freien Initiative zugänglichen Angelegenheiten des Gemeinwesens. Hierbei sich ergebenden Konflikten wird mit sachgerechter Aufgabenerfüllung und im Geiste staatsbürgerlicher Solidarität zu begegnen sein.
Als Dauer- und Systemkonflikt aber werden solche Konfrontationen nur dann zu vermeiden und überwinden sein, wenn, geradezu aus einem vertieften Verfassungsverständnis heraus, der Öffentlichkeit nachhaltig bezeugt wird, daß das Stiftungswesen überhaupt selbst schon ein rechtsstaatliches Instrument originärer Machtverteilung ist und sich insoweit auch nicht aus bereits etablierten Herrschaftsverhältnissen herleiten oder in diesen unterbringen lassen muß.

(b) Nun würde es jedoch für die mit einem derartigen Geltungsanspruch hervortretende einzelne Stiftung und auch für entsprechende Konstellationen im Stiftungswesen nicht förderlich sein, wenn damit ein neues Moment des Kampfes in der institutionellen Staats- und Gesellschaftsstruktur wirksam würde. Eher wandelt doch auf Taubenfüßen, was einem Wandel in solchen Machtverhältnissen dienen soll. Dies gilt vor allem auch im Hinblick auf beispielgebende Gestaltungshilfen, die auf Stiftungsart und -weise den Organisationsverhältnissen des Staates und damit in die rechtsstaatlich-demokratische Gewaltenteilung hineinwirkend angeboten werden könnten (V 4).
Soll das Stiftungswesen diese Probe eines dem Gemeinwesen in ursprünglicher Weise zugehörigen Ausdrucksmittels des selbsttragenden Ordnungsgeschehens bestehen, dann wird es seinerseits alle an Macht erinnernden Verhaltensvorkehrungen vermeiden müssen. Dies wird, gerade nach problematischen Erfahrungen in den USA (4), für die von großen Organisationen der Politik zu Sonderzwecken gegründeten Aufgabenträger unter Stiftungsbezeichnung zu gelten haben, zugleich aber auch für etwaige Zusammenschlüsse und Lenkungsstrukturen in weltanschaulich orientierten Bereichen der Stiftungsbetätigung.
Nicht daß es in dieser Hinsicht schon Anlaß zu Besorgnissen geben würde, aber auch eine solche Aufforderung zu Selbstbeschränkung in bestehenden Geltungsverhältnissen sollte nicht, noch dazu unter einer überspitzten Machtverteilungsdevise, wie von selbst zu Polarisierungen im gesamthaften Leistungsbereich von Staat und Stiftungen führen dürfen.
Wenn nämlich Perioden finanzpolitischer Einschränkungen bei den Haushaltsleistungen für Forschung und Wissenschaft sowie bei sonstigen kulturellen und sogar sozialen Aufgaben zum Besten aller dabei Beteiligten möglichst konfliktfrei überwunden werden sollen, dann wird die Ergänzungsfunktion

des Stiftungswesens subsidiärerweise lauter zur Geltung zu kommen haben. Parlament und Ministerialbürokratie als den Sachwaltern des öffentlichen Finanzhaushalts sollte also nicht auch noch mit einer eigenen besonderen und sogar kritischen Legitimation aus den staatsfreien Eigenleistungen mit Zurechtweisungen begegnet werden. Wie schon sonst in allen gesamtwirtschaftlichen Umverteilungsvorgängen wird die Waage der Gerechtigkeit nicht einseitig mit Privilegien und Elitebehauptungen belastet werden dürfen. Damit ist eine neuartige Machtverteilungsaufgabe von hohem Rang für das Gemeinwesen gestellt. Diese Machtverteilungsfunktion ist also nicht mit theoretischen Postulaten in Anspruch zu nehmen, sondern mit praktischen Wertungen in den Beteiligungs-Leistungskomplexen selbst zu verwirklichen. Wird dies recht verstanden, dann würden die Sonderaufgaben des freien Stiftungswesens auch künftige Um- und Neuverteilungsnotlagen mit ihrer Gemeinnützigkeitsqualifikation überstehen können.

(c) Dazu sollten für das Machtverteilungspostulat, das mit dem Stiftungswesen in einer Verbände- und Verwaltungsgesellschaft verkoppelt sein muß, weitere Wege einer vertieften Begründung zur eigens fundierten öffentlichen Anerkennung beschritten werden. Machtausgleichend wirkt schließlich nur das Element höchstpersönlicher Leistungen im Gemeinwesen. Dieses auf neue Weise im Stiftungswesen sichtbar zu machen, würde bedeuten können, hierfür zwar weiterhin die Person des Stifters, auch unter Bezeichnung als Mäzen, herauszustellen, zugleich aber davon jeden Schatten einer eigenen Bürokratisierung sowie eines staatsbürgerlich-zeitgenossenhaft Anonymen fern zu halten. Die sich aktualisierende Zurechnung wird in jeder Stiftung deren personhafter Kern auszumachen haben, als den der Repräsentation des in der Stiftung verkörperten ideenhaft geprägten Willens. Damit sollten sich sogar solche rechtlich unselbständigen Stiftungen aus einem Schenkernachlaß noch individuell qualifizieren lassen, die verbands- und institutionshaften Einrichtungen zum Vollzug anvertraut worden sind. Eher würden hier sogar individualisierende Nachgründungen am Platze sein. Auf solchen Wegen könnten sich jedenfalls die problematischen Mediatisierungen von verfügbar gewordenen Vermögens-Zweckwidmungen in Verwalterhand vermeiden lassen.
Von Stiftungen impulsierte Entflechtungsprozesse in den Machtverschränkungen zwischen öffentlich-institutionellen und interessenhaft-kollektiven Kompetenzträgern und Publizitätskomplexen würden sich effektiv nur mit einer eigenständigen Funktionsträgerschaft von Rang, – dies sogar schon durch eine ihre Aufgaben vorformulierende Erwartungsdringlichkeit, – zur allgemein überzeugenden Darstellung bringen lassen. So würden auch die Funktionen einer Mitkenntnisbereitschaft und eines Mitentscheidungswillens bei

der Behandlung der aktuell praktizierten öffentlichen Finanzen durch Staatsbürger und Zeitgenossen echt stiftungshaft auszubilden sein (I 3, II 5 e, V 4). Die Umverteilungsmechanismen in den wechselseitig tief verflochtenen staatlichen und gesellschaftlichen Umschichtungs- und Zuteilungsprozessen wenigstens mit ihren Grundzügen aufzudecken und zur Sprache zu bringen, würde die einzige noch verbleibende Möglichkeit bieten können, die gänzliche Auszehrung aller besonderen, - nicht in unmittelbarer Teilnahme am aktuellen Wirtschaftsprozeß mit dessen Umsetzungen an Werten in Gütern und Diensten wenigstens noch mit restlichen Verfügungsquoten erhalten bleibenden, - Vermögens-Nutzungspositionen zu verhindern.

Was in den Stiftungen als Eigenausstattung die Grundlage ihrer leistungshaften Selbständigkeitsbehauptung ist, würde durch die Zweck-Willenskomponente ihrer Existenz verteidigt werden müssen, und zwar auch in der idealtypischen Gestalt der von Finanzmitteln in ihrer Betätigung letztlich doch nicht abhängigen Funktionsträgergründung in eigener Bewährung. Damit wird auch die Machtverteilungsproblematik im Kern getroffen, so wie diese sich darstellt in der zwar demokratische und rechtsstaatliche Verhaltensregeln achtenden, zugleich aber die Finanz- und Währungsverhältnisse, - damit alles Gewaltunterworfene und Vergemeinschaftete in ein einziges Boot des gesamthaften Dirigismus zwingend, - ihrerseits in Umverteilungsprozessen korrumpierenden Gesellschaft. Wenn es auf diesem verhängnisvollen Weg noch zu einer Wendung zum Besseren kommen soll, würden dazu nicht zuletzt auch die auf lange Sicht hin ihrerseits stabilisierende Wirkungen entfaltenden Stiftungen nötig sein.

IV. Idealtypisches in der Welt der Rechtstatsachen kraft Entfaltung der Stiftungsidee

1. *Der Eigenwert der Rechtsgestaltung Stiftung – Die Repräsentanz der Sonderzwecke*

(a) Es kann in einer für weite Leistungsgebiete auf private Initiative gegründeten Gesellschaft als verständlich gelten, daß sich Stiftungsgründer und -sachwalter jeweils ganz auf ihre besonderen Zweckgestaltungen konzentrieren und weder für das Stiftungswesen als eine bedeutsame Zeiterscheinung noch für seinen Rang in der Rechtsordnung ein eigenes Interesse aufbringen. Rechtsgebildeforschung ist sowieso eine Sonderdisziplin der Jurisprudenz und die vorbildhaften Anregungen, die von Stiftungsgestaltungen auf das Rechtsbewußtsein in seiner Ordnungsvergewisserung und Entscheidungsbereitschaft ausgehen können, bleiben der Öffentlichkeit meistens verborgen. Bei dem weiten Deutungssinn, den das Gründungs- und Widmungsgeschehen der Gegenwart mit der freizügigen Wahl der Bezeichnung Stiftung selbst beansprucht, geht tatsächlich vieles von dem, was durch dieses Wort noch an etwas ideell und rechtlich Ausgezeichnetes erinnern könnte, in der ganz allgemeinen Zweckverfolgung auf, – die ihrerseits zu einem modernen Gesellschaftsverhalten gehört, das sich manchmal, auch rechtlich durchaus irrelevant, mit Beiworten schmücken möchte, so wie denen des Stiftens und Gestiftetseins. Das bedeutet dann immerhin auf ein Plus an Initiative neben dem sonst bloß nur gerade im Gesellschaftsprozeß Gewohnten hin.
Dennoch haben nicht nur die Rechtswissenschaftler, sondern auch um den Zustand des Gemeinswesens besorgte Zeitgenossen diesem sich selbst bekundenden Stiftungsgeschehen mit seinem Angebot einer Gestaltungshilfe und dazu auch mit seiner idealtypischen Sachverhaltserfassung als einer originären Ausdruckweise der Rechtswirklichkeit ihr Interesse zugewandt. Ob allerdings eine Stiftungsrepräsentanz bei ihrer elitären Selbstdarstellung, mit der Fülle von Leistungsangeboten und in der Prägnanz ihrer Zweckverwirklichungen, dann auch noch der Rechtsidee der Stiftung besondere Aufmerksamkeit widmen und ihr einen Achtungstribut zollen sollte, mag noch dahingestellt bleiben, – wenigstens solange als man vermöge dieser stiftungsbedingten Leistungen sich der eigenen Geltung in der Rechtsgemeinschaft wirklich noch ganz sicher sein kann. Daß den sich mit eigenen Leistungen besonders auszeichnenden Stiftungen gegenüber, sowie damit auch zur breiten Basis des

zeitgenössischen Stiftungswesens hin, der Dank des Gemeinwesens von höchster Stelle im Staatswesen immer wieder bekundet wird, dient nicht zuletzt auch der Öffentlichkeitspflege und der Werbung für das Stiftungswesen selbst. Dem noch die Komponente einer Anerkennung des rechtlich Idealtypischen hinzuzufügen, sollte vor allem der Rückbeziehung der Selbstbekundung von Leistungszwecken auf das in der Rechtsordnung verkörperte Gemeinwesen selbst dienlich sein können.

(b) Dem Verständnis dieser ganz besonderen Themenstellung, nämlich der des Eigenwertes der Rechtsgestaltung Stiftung im Verhältnis zu den vielfältigen Zweckverwirklichungen des Stiftungswesens, wird nur mit einer genauen und treffenden Unterscheidung zwischen den dabei gewählten Rechtsformen nahe zu kommen sein.
Darin gelangt keine vorweggenommene Bewertung der Zweckqualität und der Vermögenswidmung einer Gründung zum Ausdruck, auch nicht eine solche des Charakters eines Stiftungsvorhabens in seiner Ernstlichkeit nach Dauer und Wirkung. Hinzu treten nämlich doch im besonderen Fall oftmals auch zwingende Umstände, – seien es vermögens- und erbrechtliche Bindungen nach der Dotierungsseite hin oder auch Erprobungsanforderungen hinsichtlich der Zwecksetzung als an etwas Endgültiges, – die häufig eine Gestaltungsweise wählen lassen, mit der dem Vorbehalt weiterer Verfügbarkeit, speziell über die Vermögensgrundlage oder auch bei den Zwecksetzungen, auf seiten des Gründers und Stifters sowie auch von ihm benannter oder in sonstiger Nachfolgeweise auftretender Privat- und Amtspersonen eine bestimmte Wirkung gegeben werden soll. Ein solches besonderes Verfügungsrecht kann sich dabei auf vorhandene Eigentumsrechte gründen, etwa bei den Anteilen an einer Kapitalgesellschaft als Stiftungsträger. Der Vorbehalt weiterer Verfügbarkeit kann sich auch aus vereinsrechtlichen Mitgliedschaften in einer Stiftungsträgerorganisation herleiten oder aber in dieser kraft Stiftungsgeschäft und -satzung sowie aus öffentlich-rechtlichen Institutionen bzw. aus einer etablierten Verbändeherrschaft als imperatives Mandat zur Geltung kommen.
Damit sind die drei Freiheiten genannt, ist die dreifache Unabhängigkeit gekennzeichnet, deren sich eine Stiftung vergewissern können muß, soll sie als selbständige Stiftung anerkannt werden: Kein Verfügungsrecht über Substanz und Betätigung einer Stiftung, weder aus dem Eigentumsrecht Dritter noch aus Mitgliedschaften in Trägerorganisationen und auch nicht aus politischem Mandat. Die Stiftung darf also, abgesehen von der objektiven Zweckbindung im besonderen Gründungsauftrag, dem eigenen Status nach niemanden gehören oder zur eigenmächtigen Einflußnahme offen stehen. Diese

Anforderung kann im strengen Sinne nur bei rechtsfähigen Stiftungen des bürgerlichen Rechts erfüllt sein. Solche nach öffentlichem Recht sind stets innerhalb einer Ursprungskörperschaft deren Organisationsgewalt bzw. einem möglichen actus contrarius zur Errichtung, auch oder gerade wenn diese auf Gesetz beruhte, unterworfen. Diese dreifache Unabhängigkeit der mitgliedschaftsfreien Körperschaft Stiftung spiegelt die dreifache Eigenständigkeit im Komplex Stiftung wieder: Vermögen, Zweck, Organisation.

(c) Wenn auch die volle Bedeutung der mit der gewählten Form für eine Stiftung getroffenen Rechtsstatusentscheidung erst bei einer schrittweise vorgehenden Erschließung ihres gesamten Verhaltens unter dem ihr wesenseigenen Leitprinzip der Uneigennützigkeit (2) sowie unter den Prägungsgesetzen der Gründungswidmung (3) ganz erfaßt und gewürdigt werden kann, so sollte doch schon in diesem Vorstadium der Beurteilung und Entscheidung aus dem prinzipiellen Entweder-Oder von Eigengebilde Stiftung einerseits sowie Hilfs- und Ersatzkonstruktionen andererseits mit voller Aufmerksamkeit auch das entgegengenommen werden, was gerade solche besonderen Konstruktionen darzustellen beabsichtigten und vermögen. Wenn Stiftungsvorhaben sich in Kapitalgesellschaften einkleiden, dann kann das als einer Unternehmensbetätigung angemessen erscheinen. Mit der Wahl der GmbH-Form sind auch Vermögensverwaltungen darzustellen, die nicht der staatlichen Stiftungsaufsicht und einer damit befürchteten Fremdbeeinflussung ausgesetzt werden sollen. Bei einer Wahl der Vereinsform kann an die Heranführung von Zustiftungen aber auch an eine zweckgerichtete Mitwirkung im befreundeten Personenkreis gedacht sein. Mit der Verankerung von Rechtspositionen für in solcher Weise, von der Gründung her, weiterhin letztlich Verfügungsberechtigte über Zweck und Substanz geraten die Rechtsgestaltungen solcher Sonderstiftungen jedoch in kaum noch von außen zu beurteilende Zurechnungszusammenhänge. Man wird es den sich insofern ergebenden besonderen Situationen überlassen müssen, ob überhaupt hierzu der Öffentlichkeit Informationen zuzukommen haben. Damit ist aber auch die Grenze dessen bezeichnet, was unter der Stiftungsidee als deren eigene Entfaltung in der Welt der Rechtstatsachen anerkannt werden kann.
Neben dem, was mit einer solchen Fundierung des gesamten rechtserheblichen Verhaltens und demgemäß auch der Gewährleistung aller eigenen Positionen in Gestalt und Form der rechtsfähigen Stiftung jeder einzelnen Gründung dieser Art als eine Wohltat der Rechtsordnung zuteil wird, sind immer auch die beispielgebenden Wirkungen von dergleichen Ausformungen und Gewährleistungen als solche kraft eigener Normierungsqualität zu würdigen. Was sich so in seiner Konstitutionsformel als ein Topos der Rechtspraxis und

als Identitätsvergewisserung in allen Verhaltensbezeugungen erweisen kann, wie dies einer ganz in sich beruhenden Stiftung möglich ist, verdient die Qualifizierung als idealtypisch auch gegenüber sonst irgend Vergleichbarem in der Rechtsordnung.
Es ist die besondere Inpflichtnahme, die kraft einer derart eingeprägten Zweck-Leistungsstruktur wie von selbst erfolgt, aus der dann auch etwas einleuchtend Beispielhaftes für Auftragsverhältnisse und treuhänderisches Verhalten in mancherlei sonstigen Zusammenhängen herzuleiten sein würde, die zwar nicht auf Dauer in festen Bahnen und Formen vorprogrammiert werden können, die aber auch nicht einer sachfremden Willkür ausgeliefert sein sollen. Von hier her gesehen, verdient das Wort Stiftung die Beliebtheit, die ihm in neuerer Zeit mancherlei Inanspruchnahme für Betätigungen eingebracht hat, die damit eines veredelnden Zuges in der Anerkennung ihrer Nützlichkeit im Gemeinwesen teilhaftig zu werden wünschten. Idealtypisches echter Form kann insofern auch ein wichtiges Erziehungsmoment für die Öffentlichkeit darstellen.

2. *Uneigennützigkeit als Leitprinzip der Stiftungsverfassung in ihrer Verwirklichung*

(a) Es ist den Stiftungen, sowohl bei ihrer Gründung als auch in ihrem Selbstverständnis beim eigenen Wirken und Fortbestehen durchaus vorbehalten, Anspruch auf den besonderen Rang im Gemeinwesen zu erheben, der bewährter Uneigennützigkeit jederzeit zukommt. Ein solcher Anspruch kann zwar in einer breiten Öffentlichkeit schon ganz allgemein für das sich in seinen Leistungen bewährende Stiftungswesen geltend gemacht werden, er kann jedoch für die einzelne Stiftung, einer für diese ganz eigens artikulierten Aufgabenstellung wegen, auch ohne Bedeutung sein und also einfach unerwähnt bleiben. Insofern sollte jedenfalls volle Freiheit für die Selbstdarstellung einer Stiftung gelten. Will aber das Stiftungswesen sich in seiner rechtlichen Struktur als ein Eigenwert und zugleich auch als etwas Hochwertig-Vorbildliches finden lassen, dann wird die Probe erwiesener Uneigennützigkeit sich auf das gesamte Verhalten einer jeden sich ihrerseits unter diese Maxime stellenden Stiftung zu erstrecken haben. Insofern handelt es sich bei diesem Leitprinzip durchaus um ein Interpretationsinstrument in Zweifelsfällen, so wie es schon in der Gründungsvorbereitung hinsichtlich der drei Strukturelemente Vermögen-Zweck-Organisation als das maßgebliche Gewährleistungskriterium dienen sollte.

Es erscheint in der üblichen Gründungspraxis auch für die diese begleitende öffentliche Meinung, meistens ohne weiteres als ein zu dieser Geltungs- und Rangfrage in aller Regel hinreichender Ausweis, wenn die im gegebenen Fall beanspruchte steuerliche Gemeinnützigkeit vom Finanzamt anerkannt worden ist. Allerdings sollte damit nicht auf eine Stiftung, für die eine solche Position im Bereich der Steuervergünstigungen nicht in Anspruch genommen wurde, sogleich ein Schatten öffentlicher Mindergeltung fallen. Die Tendenz und dazu die speziell ausformulierten Satzungs- und Verhaltensanforderungen des Gemeinnützigkeitsrechts der Abgabenordnung sind derartig vom Steuerwürdigkeitsdiktum des Gesetzgebers geprägt und damit einer globalen Lastenverteilung verpflichtet, daß daraus keine eigenen gesellschaftspolitischen oder sozialethischen Folgerungen zur Person gezogen werden dürfen.

(b) Die steuerrechtlichen Gemeinnützigkeitskriterien erscheinen in erster Linie als an den damit zu privilegierenden Zwecken bzw. an der Mittelverwendung orientiert. Überhaupt tritt von den Körperschaften, bei denen eine Verfolgung gemeinnütziger Zwecke in Frage kommen kann, nach den Gesetzen nur das ins Blickfeld und ist insofern auch nur von dem die Rede, an was als an ein bestimmtes Verhalten die dem Besteuerungszweck entsprechenden Verwendungskontrollen anzuknüpfen haben. Im weitesten Sinn des Gemeinnützigkeitsbegriffes richtet dieser sich auf eine unmittelbare und selbstlose Förderung von Zwecken zugunsten einer Allgemeinheit, die als solche stets über einen in sich abgeschlossenen Personenkreis hinaus weisen muß. Für solche begünstigte Zwecke gibt es dazu noch eigene steuergesetzliche Kataloge. Allerdings handelt es sich dabei nicht um speziell auf Stiftungen zugeschnittene Regelungen, wie auch ein gemeinnütziges Handeln nicht an Dauereinrichtungen einer Zweckverwirklichung gebunden ist. Jedenfalls ist bei nach Gemeinnützigkeitsrecht anerkannten Einrichtungen für deren zu bewährende Selbstlosigkeit doch immer sowohl eine vorwiegend eigenwirtschaftliche Betätigung als auch eine Teilhabe am laufenden Gewinn wirtschaftlicher Betriebe bzw. am Liquidationsgewinn ausgeschlossen. Insofern hat das Gemeinnützigkeitsrecht auch mit Vermögensbindung und kontrollierbaren Organisationsverhältnissen zu tun.
Für den Gründer einer Stiftung kann die Selbstdarstellung ihrer Uneigennützigkeit insofern von rechtlicher Bedeutung sein, als damit Bindungen im Verhalten künftiger Sachwalter veranlaßt und praktikabel, ja sogar justitiabel gemacht werden sollen. Die so in Anspruch genommene Gewährleistung der Gründerverfügungen durch die Rechtsordnung bedarf allerdings noch besonderer Vorkehrungen in Stiftungsgeschäft und -satzung. Es ist also nicht schon damit getan, daß das Pfründenwesen der älteren Stiftungsgeschichte, das weit-

gehend mit familien- und kirchenrechtlichen Strukturen verknüpft war, für überholt erklärt wird, denn Patronagen mannigfacher Art sind doch gerade ein Kennzeichen der modernen Verbändegesellschaft, deren Zwecken auch Stiftungen dienstbar gemacht werden könnten.
Die Verpflichtung zu uneigennützigem Verhalten würde bei jedem der drei Strukturelemente einer Stiftung mit der Kennzeichnung ihres besonderen Leistungscharakters in dessen Repräsentation verbunden werden müssen. Mit einer Sonderkontrolle unter Öffentlichkeitsaspekten wäre vor allem dem bei keiner Stiftung gänzlich auszuschließenden Fall der Umgründung und Auflösung, d.h. den dabei üblichen Anfallbegünstigungen und lohnenden Gefälligkeiten, zu begegnen, - was Veranlassung gibt, eine begleitend sich auch dokumentierende Selbstkontrolle schon als Satzungsfunktion zu konzipieren. Bei fortbestehender Stiftung ist für diese die eigene Vermögenssicherung nicht nur eine Selbstverständlichkeit, dabei sind auch Fundusbestand und Handhabung der Verwaltung auf etwa einschlägige Vorteils- und Begünstigungsverhältnisse hin mit zu überwachen. Jedoch gibt es je nach Ausstattung und Zweck einer Stiftung doch fast immer auch kaum feststellbare Möglichkeiten zur eigennützigen Wahrnehmung von Nutzungspositionen.
(c) Die Zweckkomponente der Stiftungen kann, wenn nicht eine voll funktionsfähige Begleitkontrolle eingebaut ist, bei den meistens mit einem großen Spielraum verbundenen Ermessensentscheidungen zumindest dann Anzweifelungen nach praktizierter Uneigennützigkeit ausgesetzt sein, wenn mit den dotierten Vorhaben gleichzeitig immaterielle, also nicht mit gütermäßigen Bewertungen erfaßbare Vorteile verbunden sind. Derartiges gilt in besonderer Weise für höchstpersönliche Dienstleistungen, wie sie bei Funktionsträgerstiftungen üblich sind, aber auch für das ganze eigene Organisationsgebilde einer Stiftung bestimmend sein können.
Wenn damit verglichen wird, wie empfindlich in solchen Verhaltensbereichen der öffentlichen Verwaltung, die mit der Vergabe von Aufträgen und besonders mit Gelegenheiten zur Ämterpatronage zu tun haben, auf Fälle von Begünstigung reagiert wird, dann sollte es nicht schwer sein, auch für Stiftungen, die doch in keiner Weise von Trägern politischer Gewalt und von Wahlen abhängig sein dürften und dies auch nicht zu sein brauchen, vollständig einwandfreie Wege des uneigennützigen Umgangs mit Geld und Gunst in allem, was Geltung, Werbung und Konkurrenz angeht, zu finden. Es leuchtet ein, daß ganz wesentlich in solchen Neutralisierungskriterien des Vermögens- und Machtgebrauchs das ungetrübt öffentliche Ansehen des Stiftungswesens begründet zu sein hat.
Indem Uneigennützigkeit als ein rechtlich begründetes und notfalls auch justitiables Postulat der Stiftungsverfassung zugerechnet werden kann, setzt je-

de daran orientierte neue Gründung zugleich auch Maßstäbe für die Umverteilungs- und besonders für alle Subventionsvorgänge im Gemeinwesen, so daß von hier aus die Politik der Steuervergünstigungen für Gemeinnütziges immer wieder aufs Neue, - sachgerecht nach der Seite des anteilsmäßigen Besteuerungsverzichts, der als solcher ja in der finanzrechtlichen Gesamtrechnung zum Ausdruck zu kommen hat, und dazu motivierend in der Zuerkennung von eigenen Freiräumen der Leistungsindividualisierung, - seine legitimierende Bestätigung erfahren kann (III 2 d).

3. *Der Widmungsentschluß als Ausdruck produktiver Phantasie*

(a) Soll neuen Stiftungsgründungen und dazu der einen oder anderen zum aktuellen öffentlichen Verständnis gebrachten älteren Stiftung ein Ehrenplatz in der Welt maßgeblicher Rechtstatsachen unserer Zeit angewiesen werden, dann muß in erster Linie der sie tragende Widmungsentschluß des damit hervortretenden Stifters eine sich über möglicherweise naheliegende Anzweifelungen erhebende Würdigung erfahren können. Das vermag nur im Rahmen einer Werteordnung zu geschehen, um die man sich nicht erst noch besonders bemühen müßte, sondern die bereits bei den Rechtsgenossen in Geltung steht. Was dazu die Glaubwürdigkeit eines derartigen Bekundens und Bestrebens schon von selbst beitragen kann, sollte sich in den Rechtstatsachen einer solchen Gründung sach- und ideengerecht ausdrücken.
Allerdings wird mit der Hergabe von bis dahin unter einer rein privaten Verfügungsmacht befindlichen Mitteln an einen unpersönlich selbständigen Träger zweckgebundener Entscheidungen doch immer ein höchst markanter Schritt getan, der sich nicht dazu noch in seiner sozialethischen Qualität auch nach allen Seiten hin verdeutlichen lassen muß. Wer nichts hat, kann nichts geben; wer nicht selbst Einfluß auf originär Verfügungsberechtigte hat, kann nicht deren Zweckwahl in Bahnen sachgerechter Verpflichtung lenken. Ihm helfen insofern auch seine besten Vorstellungen von dem, was im Gemeinwesen nötig ist und aus welchen Imaginationen dieses weiter gebracht werden könnte, nur zu wenig mehr als zu Postulaten in der Tatsachenwelt des Bestehenden.

(b) Es wird dementsprechend für die bei Staatsbürgern und Zeitgenossen zur Geltung zu bringenden Vermögens-Zweckwidmungen in Stiftungen zu allererst mit einer maßgeblichen Zurechnung bei einem Punkt rein personhafter Qualität anzusetzen sein. Diese wird als die der produktiven Phantasie der sich ihrerseits in der Welt der Tatsachen orientierenden und dabei ihre schicksalsbedingten Entscheidungsmöglichkeiten wahrnehmenden Person zu be-

stimmen und demgemäß als zu den Persönlichkeitsrechten des Grundgesetzes gehörend zu deuten sein. Dazu sind dann weder tiefer gehende private Motive noch ausgreifende Zweck- und Gestaltungsvorstellungen als eines eigenen Beweises bedürftig zu erfragen. Die für den Widmungsentschluß maßgebenden Vorstellungen bleiben allerdings der Person stets auch dann in der Zurechnung eng verbunden, wenn sie mit dem dabei bestimmten Wie und Was der Gründung zugleich als auf Träger wissenschaftlicher und kultureller Pionierleistungen zurückgehend hinweisen sollten. Sogar eine reine Werbung um Dotierung muß dann immer noch von einem persönlichen Widmungsakt aufgenommen werden, wobei die öffentliche Meinung weder für das jeweilige Thema noch für dessen Nutzung immer auch mit umfassenden eigenen Vorstellungen als maßgeblich angenommen werden muß (IV 4), - ganz abgesehen davon, daß das dabei etwa wunschhaft Deklarierte nicht immer schon im Rahmen des zweifelsfrei machbar Möglichen liegen wird.
Das vom Stifter insofern in Anspruch zu nehmende, dann auf ihn gemäß der Gründungsfreiheit zu übertragende Vertrauen, nämlich das der Zeitgenossen und Mitbürger, wird somit ganz allein durch die Anerkennung produktiver Phantasie gedeckt. Eine Sachkontrolle kann nur in der öffentlichen Bewährungsprüfung zu suchen sein, die auf Dauer an keiner Stiftung vorbeigeht. Erwiesene Effizienz ist insofern auch ein Kriterium der Stiftungswürdigkeit, das nicht gescheut werden darf, sondern sogar in die Stiftungssatzung als Kontrollfunktion eingebaut werden müßte, wenn freies Stiftungswesen schließlich Bestand haben soll.

(c) Was sich Nutzungs- und Bestätigungsmaßstäben solcher Art nicht gänzlich fügt, kann immerhin als freie geistige und künstlerische Betätigung bei Widmungszurechnungen noch auf sich selbst zurückzuführen sein, - als letztlich der moralischen Phantasie zur eigenen Bewahrheitung verpflichtet. Leistungsidee und Gestaltungsentwurf können als immaterielles Stiftungsgut bei einem Gründer im gleichen Rang zuzurechnen sein, wie Vermögenswerte mit deren Aufopferung beim Überkommen-Bewährten der Stiftungen. Jedenfalls ist hier der besondere Ort der Funktionsträger-Stiftungen wahrzunehmen. Mit der Vermögenswidmung ist ein für Stiftungsgründungen nicht unbedingt leicht und nicht immer auch problemfrei zu vergegenwärtigendes Thema gestellt. Jedoch sollte von der im Sinne der Entfaltung und Anerkennung moralischer Phantasie eingenommenen besonderen Warte aus doch gerade dem vorurteilslos zu begegnen sein, was sich in einer gehobenen, wenn auch nicht ganz von Manipulationen freien Zivilisation immerhin als das weithin übliche Stiftungs- und Spendenargument einer elitehaften mäzenatischen Bewährung vernehmen läßt.

Soweit damit Sammelvermögen oder Zuschüsse zur Dotierung von künstlerischen Leistungen, von Ankäufen für Museen oder von ähnlich Kulturellem werbend zusammengebracht oder bestehende Einrichtungen des pädagogischen oder sozialen Wirkens finanziert werden sollen, handelt es sich um etwas von je her initiativ Selbstverständliches, das auch heute noch seinen Rang neben den Organisierungs- und Dotierungsformen einer bevorzugten Förderung des wissenschaftlichen Fortschritts behalten muß. Übrigens ist das Instrument der Steuervergünstigung für das Spendenwesen bei der privaten Einkommensteuer gesetzestechnisch voll ausgebildet, so daß insofern auch eine hinreichende Konkurrenz der Zwecke und Zuwendungen unter deren werbenden Angeboten herrschen kann.
Die Verfassungsgrundlagen von Eigentum und Wirtschaftsfreiheit sind bei schenkungshaften Dispositionen in der Gestaltungssphäre des Stiftungswesens bisher kaum zur kritischen Orientierung in Betracht zu ziehen gewesen. Insofern herrscht prinzipiell Normierungsneutralität. Bei etwa im Sinne eines säkularen politischen Mäzenatentums ergehenden Aufforderungen zur Übertragung wesentlicher Vermögenskomplexe aus Privathand an Stiftungen sollte es allerdings der Takt gegenüber schicksalshaften Daseinsbedingungen schlechthin gebieten, nun doch eine recht weitgehend Zurückhaltung mit an die Person gerichteten Adressen zu üben. Was dabei im Familienzusammenhang in Frage steht, ist sowieso Einwirkungen Dritter zu entziehen.
Umschichtungen im Unternehmenskapital, etwa mit dem Eintreten einer insofern dominierenden Stiftung, sind mit einer nach allen Seiten wirkenden Vertrauensvergewisserung zu begleiten; vor allem wenn dann eine Stiftung selbst auf Vertrauen angewiesen sein würde. Noch gibt es allerdings kein genau zu substantiierendes Unternehmensrecht, das solche Verhältnisse auch nur den Grundzügen nach auf einen Wandel in Dingen und Überzeugungen hin zu normieren vermöchte. Grenzbereiche des gestaltbaren Erbrechts liegen dabei traditionell schon etwas deutlicher vor Augen. Hierzu künftige Entwicklungen vorweg zu nehmen, ist jedoch nicht ohne weiteres auch die eigene Sache einer angewandten Stiftungstheorie.

(d) Es läßt sich jedoch bei einer aktuellen Würdigung von Widmungsvorhaben sowohl nach deren Ausmaß als auch in der besondern Gestaltung nicht gänzlich vermeiden, daß daran anschließend auch tiefer gehende Fragen nach den Bedingungen des Fortbestehens einer im persönlichen Wertungsverhalten begründeten Gesellschaft gestellt werden. So ist doch bei Stiftungsgründungen aus und in betrieblichen Zusammenhängen schon hin und wieder das Thema einer Überwindung kapitalistischer Abhängigkeiten in der Unternehmensverfassung genannt worden. Die Neutralisierung der Kapitalbindung im

Unternehmen selbst ist insofern dann sogar als eine höhere Ordnungsstufe angesehen worden.
Nachdem jedoch in der Kapitalismuskritik das Ausbeutungs- und Willkürargument gegenstandslos geworden sein dürfte, andererseits aber für das einzelne Unternehmen das Risiko der Finanzierungsträgerschaft doch immer deutlicher hervortritt, Kapitalmacht also kaum noch irgendwo nur eine privat-persönliche Position reiner Nutzbarkeit zu bedeuten hat, könnte insofern schon eine neue Lage auch für die Beurteilung von Stiftungswidmungen in Unternehmenszusammenhängen gegeben sein. Doch zeigt sich hierfür noch keine zur direkten Beratung oder gar zu mäzenatischen Appellen befugte Instanz in der Rechts- und Finanzkultur der Gegenwart. Von Überredungs- und Bevormundungsversuchen sollte deshalb keinesfalls auch nur die Rede sein dürfen.

(e) Bei einer Erwägung vertrauenswürdiger Lenkungs- und Auswahlkompetenzen für die Widmung von Vermögen an Stiftungen zu eigener Trägerschaft sollte, - will man eine letztlich maßgebliche Anerkennung in der Welt der meistens doch sehr komplexen Rechtstatsachen dabei nicht außer Acht lassen, - immer auch nach möglichen Äquivalenten für die gewährleistete Gründungsgestaltung im Gesamten des Gemeinwesens gefragt werden. Bei großen Objekten kommt mit einer entfallenden Erbschaft- und Schenkungsteuer dafür eine entsprechende Gegenposition auf seiten der Gesamtheit der Steuerzahler in Betracht. In welcher Weise hierbei dann auch ein Gleichgewicht hergestellt und überzeugend verdeutlicht werden kann, sollte bereits in den Erwägungen des Stiftungsgründers und bei ihrer öffentlichen Vertretung eine eigene Rolle zu spielen haben; dies auch mit der Entfaltung gerade insofern produktiver Phantasie.
Mit der Verwirklichung von Stiftungsinitiativen im sozialen und kulturellen Leben würden sich nämlich nicht nur echte Einsparungen in den öffentlichen Haushalten ergeben können. Auch die hierbei bisher schon häufig als eine besondere Stiftungswohltat in Anspruch genommenen ideellen Faktoren eines von Grund auf zu erneuernden gesamthaften Leistungswesens könnten in dem sich so mit den bereitgestellten Eigenmitteln von Stiftungen verbindenden Kräftepotential personaler Kreativität schließlich eine überzeugende Bestätigung erfahren. Damit würde auch die künftige Verfassungspolitik zur Wesensbestimmung von Eigentum und Erbrecht einen die Vorstellungen vom Wohl der Allgemeinheit unter dem Primat der Menschenwürde des Art. 1 Abs. 1 Satz 1 des Grundgesetzes läuternden Impuls erfahren können.

4. *Anstöße zur normativen Ausbildung besonderer Leistungsträgerschaft*

(a) Was in einer breiteren Öffentlichkeit, damit auch für die politische Meinungsbildung sowie zur Anregung weiterer Gründungen, über den Anteil des Stiftungswesen an der sozialen und kulturellen Leistungsgesellschaft bisher bekannt geworden ist, geht im wesentlichen von bedeutenden, institutionell ausgebildeten Trägern eigenfinanzierter Förderungsmaßnahmen aus. Dazu kommen einige durch ihre Gründer und durch Mäzene mit personhaft initiativen Vorhaben im Gemeinwesen wirkende Stiftungsgebilde großen Stils, denen aus der Vergangenheit her ehrwürdige Einrichtungen vorbildhaft zur Seite stehen. In einigen Leistungsbereichen, - so solchen der Wissenschaftsförderung und bestimmter wohltätiger anstaltsartiger aber auch freigemeinnütziger Betätigung, - gibt es besondere sich um bedeutende Kristallisationspunkte ordnende Gesamtdarstellungen.

Dies reicht jedoch, auch bei entsprechenden Bemühungen von verbandsmäßigen Organisationen, noch nicht zur vollen Erfassung aller aus besonderem Kulturverständnis und in staatsbürgerlich-zeitgenössischer Verantwortung getroffenen Vorkehrungen zu einer sich als auf Stiftungsweise eigenbestimmt und eigenständig verstehenden Leistungsträgerschaft und -verwirklichung in den Strukturen der Gesellschaft und des Geisteslebens.

Zur mehrfach angeregten amtlichen Registrierung im Stiftungswesen ist es bisher nicht gekommen. In den unmittelbar beteiligten Kreisen wurde dafür kaum Interesse gezeigt und in der Öffentlichkeit fand sich keine Gelegenheit zur fundierten und abschließenden Stellungnahme zu diesem Thema. Solche Register müßten zunächst jedoch auf die Anmeldungen bei Behörden beschränkt bleiben, insoweit dort Daten für die nach BGB rechtsfähigen Stiftungen vorliegen. Diese würden im wesentlichen nur der Sicherheit im rechtsgeschäftlichen Verkehr Dienliches wiedergeben können. Für die in Vereinsform und als Kapitalgesellschaften auftretenden oder auch im Handelsregister mit Kaufmannseigenschaft eingetragenen Stiftungen bieten sich damit kaum spezifische Kennzeichnungen in stiftungserheblicher Hinsicht an. Maßgebliche Wertungen lassen sich damit nicht verbinden, ganz abgesehen davon, daß nicht zu sagen ist, wer diese überhaupt vornehmen könnte.

(b) Bei sich mehr zufallsweise bietenden Gelegenheiten werden mancherlei mit der Stiftungsbezeichnung versehene Vorkehrungen oder aber auch mit besonderen stiftungshaften Einrichtungen verbundene Aufgabenträger bekannt, die sich aus ihren eigenen Zusammenhängen allerdings erst einer eindringlich auf sie gerichteten Aufmerksamkeit als stiftungsgeprägt und -orientiert darbieten. Oftmals erwecken mit einem Firmen- und Personennamen

verbundene Zweckbezeichnungen oder auch diese für sich allein mit einem insofern kennzeichnenden Stichwort ihrerseits den Eindruck des ideen- und leistungshaft Interessanten, zumindest eines bedeutungsvoll präzisierten Selbstverständnisses.
Mancherlei Begleit- und Ergänzungsfunktionen kommen so in ihrer jeweiligen Beziehung zu einem Träger von Rang im Wirtschafts- und Kulturleben zur Sprache. Es könnte damit sogar das Vorstellungsbild entstehen, als ob bereits ein dichtes Geflecht von sich selbst als stiftungshaft verstehenden Sinn- und Zweckqualifizierungen unsere Gesellschaft in fast allen ihren Leistungszusammenhängen durchdringen würde. Es ist kaum abzusehen, was dem überhaupt erst noch an wirklich neuen Aspekten, nämlich denen eines ideellen Selbstverständnisses auf seiten der in dieser unserer oft so herabsetzend beurteilten Zivilisationsgesellschaft initiativ tätigen Zeitgenossen, schließlich abzugewinnen sein würde, könnte alles derart stiftungshaft Impulsierende für sich rein aufgefaßt und gedeutet werden.

(c) Die volle und sachgerecht-aufschlußreiche Kenntnis von den Leistungsgebieten und -ausmaßen des Stiftungswesens würde, ließe sich diese umfassend verwirklichen, bereits selbst ein Komplex von einzigartiger Motivationsbedeutung in der heutigen politischen Gesellschaft sein und deren problematische Zukunft höchst maßgeblich mitbestimmen können. Ist das Wirkensmoment des Schenkens schon in einer sozialpsychologisch tiefgehenden Weise erkenntnis- und willenskräftig dem des wirtschaftlichen Leistungsaustausches, mit einer weitgehend läuternden Wirkung auf das elementare Daseinsverständnis, zur Seite gestellt worden, so könnte und müßte von einer gesamthaften Veranschaulichung der Strukturen und der Verteilungsströme des Stiftungswesens sogar eine neue Evolution in der politischen Zivilisation ausgehen können. Dieses Thema in seiner ganzen Tragweite und Verwirklichungsbedeutung zu formulieren und zu aktivieren, stellt bereits eine Aufgabe von so hohem Rang und von solcher Qualität in ihrer eigenen Lauterkeit dar, daß sie nur einer sich ihr ganz ausschließlich und in voller Unabhängigkeit widmenden Obhut, der durch eine Stiftung, übertragen werden könnte.
Auf was es über das an sich schon Bedeutsame hinaus, das von großen Einzelstiftungen und auch von Verbänden stiftungsseitiger Selbstvertretung sowie denen der gelenkten Aufbringungs- und Verteilungsrealisierungen hierzu bereits in Berichten fortlaufend erbracht wird, damit aufs Ganze gesehen anzukommen hätte, das kann deutlich werden, wenn zum institutionell organisierten Stiftungswesen noch hinzu alles das sozialwirtschaftliche Stiftungshafte genommen wird, das es, wenn auch erst nur in großen Umrissen erkennbar, doch tatsächlich gibt (V 3 a).

Von der Aufbringungsseite her würde neben den Spenden und Sammlungen auch das ins Spiel gebracht werden müssen, was ganz ohne eigenen Darstellungsehrgeiz wie von Hand zu Hand für stiftungswürdige Zwecke hergegeben wird, was diesen über letztwillige Vermächtnisse zukommt, ohne dabei mehr als eine gelegentliche Erwähnung zu finden und sogar nicht einmal schenkung- und erbschaftsteuerlich berichtsfähig zu sein. Aber auch dort, wo strenge Ertragsrechnungen die Zuwendungen und Investitionen begleiten, gibt es eine Zone der unmittelbaren Gemeinwesen- und Sonderzweckförderung, - dies übrigens auch durch persönlich aufopfernde Tätigkeit außerhalb der üblichen Zurechnungs- und Anerkennungsvergemeinschaftungen. »Schenkende Wirtschaft« ist, für ein insofern weites Feld, als Ausdruck zur Verdeutlichung eines Gesamtverhaltens immanenter Gemeinwesenswürdigkeit geprägt worden. Sogar die »Kunst am Bau« und auch ein mit Sonderveranstaltungen menschenkundlich bereichertes betriebliches Ausbildungswesen stellen sich hierzu als Beispiele dar. Würde dabei nur alles exakt organisations-, besteuerungs- und berichtsmäßig Erfaß- und Darstellungsbare zur öffentlichen Kenntnis kommen, so könnte sich daraus doch schon eine neue Bereitschaft zum Erkennen und Anerkennen der rein personalen Betätigungen in dem weit über das hierzu institutionell Deklarierte hinaus tatsächlich wirksamen elementaren Stiftungshaften ergeben.

(d) Das könnte dann sogar als Vorbereitung dazu dienen, in einem systematisch konzipierten Sondertableau der Volkswirtschaftlichen Gesamtrechnung das Ganze des Leistungshaft-Freiwilligen als das neben dem finanzgesetzlich, tarifvertraglich und marktpreismäßig Verursachten seinerseits Verteilungswirksame zu erfassen und sinnhaft zu verdeutlichen. Eine solche höchste schiedsgutachterliche Funktion gegenüber allem Anspruchs- und Leistungsgeschehen läßt sich überhaupt nur dadurch vergegenwärtigen, daß die einzigartige Qualifikation zu bewährter Gerechtigkeit in Stiftungsgestalt unvorein genommen wahrgenommen wird.
Von hier aus würde auch eine Verbindung zu den meistens nur bei gelegentlichen Nennungen mit ihrer Stiftungsbezeichnung bekannt werdenden immateriellen Leistungsgebilden herzustellen sein, die als Berater und Wächter in einem die unmittelbare Zweckverwirklichung übergreifenden Sinne sich der Zukunft des ihnen in der Mit- und Umwelt Anvertrauten widmen sollen, - als Zukunftsorge und -forschung im Naheliegenden, aber doch im großen Zuge auf Gesellschaft und Person zugleich gerichtet. Hiervon ist an produktiver Phantasie viel und Wichtiges auf dem Wege. Ob sich daraus allerdings Konkretes auskristallisieren wird, etwa in besonderen Sektoren und Tendenzen der öffentlichen Initiative zur Daseinsvorsorge schlechthin, das hängt nicht

zuletzt auch von dem sich darauf richtenden Verständnis für die Verkörperungen stiftungshafter Vorgaben produktiver Phantasie ab.
Zunächst sollte erst einmal dem nachgegangen werden, was sich aus solchen Ansätzen auf eine Urteils- und Meinungsbildung zum akuten Zivilisationsschicksal hinbewegt. Hierzu müßten noch manche Vorurteile überwunden werden, die sich an die prekäre Kennzeichnung Gutachterdemokratie anknüpfen lassen. Mit dieser könnten allerdings doch nur Beraterqualitäten unter einer auftragsbedingten Vorverfügung zum jeweils bestimmten Thema gemeint sein, denn von Mitherrschaftstendenzen, wie sie in den USA gerade auch gegenüber den mit ihren Beratergutachten hervortretenden Stiftungen kritisch vermerkt wurden (III 4), ist bisher in Europa kaum etwas festzustellen.

(e) Darauf würde dann mit neuen Ansätzen zum Idealtypischen zurückzulenken sein, das sich in einer ideell und organisationshaft voll ausgebildeten Stiftung finden läßt. Um diesen höchsten Anspruch zu verdeutlichen, sollte an die wohl schwierigste einer gegenwärtig für Stiftungen denkbaren Aufgabe angeknüpft werden. Die geordnete Gesetzgebung und der gesicherte Gesetzesvollzug erscheinen heute, auch unter den traditionell und integrationspolitisch besten Bedingungen der demokratischen Willensbildung, als unabwendbar einer sich ständig neu artikulierenden Autoritätskrise ausgeliefert, soweit es sich nämlich um die eigene Existenzverunsicherung der Bevölkerung handelt, die in gebietsweisen Zusammenhängen von umweltwirksamen Maßnahmen, vor allem auch von solchen der speziellen öffentlichen Daseinsvorsorge, wie der Energie-, Verkehrs-, Bau- und mancher anderer Nutzungspolitik, abhängig und betroffen ist. Kernenergietechnik und atomare militärische Bereitstellungen weiten sich zu radikalen Abwehrmotivationen aus.
Die staatlichen Behörden, die Organisationen der Wissenschaft und der Bürgerrepräsentation vermögen nur noch von Fall zu Fall ihre Beurteilungsdaten so zu setzen, daß ihnen dazu mehr als nur eine minimale Legitimitätsqualifikation zugute kommt. Allein ganz offenkundig unabhängige Schiedsgutachter zu solchen Themen könnten noch wirklich überzeugend zu wirken versuchen, dies allerdings auch nur dann, wenn sie sich mit dem Gesamten der von ihnen in Anspruch zu nehmenden Urteilsbefähigung als in der Pflicht des Gemeinwesens stehend bekennen. Dazu bedarf es der Gründung einer Stiftung für die jeweils in ihrer ganzen Tragweite zu übernehmende Verantwortung in einer ganz bestimmt formulierten Lebensfrage des Gemeinwesens gegenüber den Mitbürgern.
Es kommt, neben der Zwecksetzung als einer reinen Sinnbestimmung für den angenommenen Stiftungsauftrag, dazu noch, hiermit diesen überhaupt erst als die eigene Pflicht erfassend, auf die höchstpersönlich qualifizierte Leistungs-

und Funktionsträgerschaft des maßgeblichen Stiftungsorgans selbst an. Dieses Wirken mit einer unmittelbaren Rechtstatsachenbezogenheit der Pflicht gänzlich aus den Einflußmechanismen von Staat und Gesellschaft herauszuhalten, ist das Verfassungsgeheimnis einer solchen Stiftung in der Rechtsordnung. Insofern kommt Stiftungen aus Gründung und Satzung selbst ein normativer Charakter zu. Das Amt in der Stiftung stellt zusammen mit der konkreten Zweckbestimmung die übernommene Bindung dar und mit der weisungsfrei gehaltenen Eigenorganisation zugleich auch den personalen Kern dieser einzigartigen Inkarnation der Rechtsidee.

5. *Angebot der Bundesobhut für beispielgebend durchgestaltete Stiftungen*

(a) Zu besonderen rechtlichen Erwägungen bieten die das Stiftungswesen in der Bundesrepublik regelnden Gesetze und die Praxis der Behörden bei den üblichen Gründungsgenehmigungen und bei der laufenden Ordnungsaufsicht kaum Veranlassung. Die Verwaltungsgerichte hatten dazu bei Streitfällen kaum in einer für die Öffentlichkeit bedeutsam erkennbaren Weise tätig zu werden. Stiftungsfreiheit ist eine Tatsache. Auch von seiten der die rechtsstaatlichen Belange im Stiftungswesen wahrenden Organisationen werden insofern keine Reformen von allgemeiner Bedeutung angeregt. Im übrigen kann für Neugründungen unter den Ländern nach Gesetzesrecht und Verwaltungspraxis eine Zuständigkeitswahl einfach durch die Bestimmung des Rechtssitzes im Stiftungsgeschäft getroffen werden, sollte überhaupt auf Gründerseite dazu eine fallweise Veranlassung gefunden werden. Bundesinstanzen könnten sich jedoch mit Stiftungsfällen befaßt sehen, würde in einem Stiftungsgeschäft, etwa im Rahmen einer besonderen Testamentsregelung nicht als Wunsch geäußert sondern als Errichtungsbedingung formuliert, die Übernahme der Stiftung in die Obhut des Bundes verlangt werden. Wie im Falle einer Stiftungserrichtung vor einer deutschen Konsularbehörde im Ausland könnte damit ein altes Thema, das eines Reichs- bzw. Bundesindigenats, gestellt sein (BGB § 80 Abs. 1 Satz 2).
In solchen Fällen stünde das zuständige Bundesministerium vor der Entscheidung, ein möglicherweise bedeutendes Stiftungsvorhaben passieren oder aber scheitern zu lassen. Eine ernst zu nehmende Begründung könnte von seiten des Stiftungsgründers für ein solches Anliegen dahingehend gegeben sein, daß für dieses bei der länderüblichen Praxis keine Gewähr bestehe, die eigene Stiftung durch eine rechtstaatlich geordnete Aufsicht in allen für diese wesentlichen Angelegenheiten auf den Weg ihrer satzungsmäßigen Bestimmung hingelenkt zu wissen.

Eine solche Vorstellung mag überraschen, findet sich in Stiftungskreisen heute doch eher die Meinung vertreten, der Staat könne sich eigentlich nur störend in ihre Angelegenheiten einmischen. Für ihrerseits das BGB-Recht vermeidende Gründungen wird doch auch immer wieder geltend gemacht, eine freie Stiftung solle mit der Obrigkeit so wenig wie möglich über das rechtlich unbedingt Notwendige hinaus zu tun haben müssen. Eher möchte man sich dabei in Stifterkreisen anscheinend darauf verlassen, etwelche nach Satzungsrecht Begünstigte würden die Stiftungsorgane schon von sich aus auf die richtigen Wege weisen. Damit wird dann alles Vertrauen in die vorausschauende Weisheit der eigenen Satzungsformulierungen und in das Funktionieren der Vorstandsselbstkontrolle, besonders auch bei Nachfolgeregelungen, gesetzt.

(b) Wer nun allerdings die Probleme einer in allen Lagen mit größter Gewissenhaftigkeit durchzuhaltenden Qualifikation stiftungshafter Uneigennützigkeit in ihrer dreifachen Bewährung als Zweckerfüllung, Vermögenswahrung und Eigenorganisation (IV 2) sich mit hinreichender Deutlichkeit zu vergegenwärtigen vermag, der kann nicht immer sein Genüge an den diese Anliegen statuierenden Satzungsregelungen finden. Er wird sich auf eine Aufsicht verlassen wollen, die nicht allein mit den eigenen Vorkehrungen eines Stiftungsgeschäfts selbst bewirkt werden kann, sondern einer in der Rechtsordnung begründeten Amtsträgerschaft bedarf. Je klarer jedoch in Stiftungsgeschäft und -satzung, aber auch in einer den ganzen Gründungsvorgang erhellenden vorstellungs- und willensmäßigen Selbstbestätigung, – einer solchen aus der für Stiftungen wesentlichen produktiven Phantasie, – sich Sinn und Zweck der Eigengestaltung ausgesprochen finden, umso sicherer werden die Wege begleitender Kontrolle zum jeweils Wesentlichen führen und Einmischungen Dritter sowie die einer öffentlichen Kritik unterbleiben. Besonders geartete Gründungen können so auch zu Sonderthemen der sich ihnen zuwendenden Aufsicht noch ihre eigenen Bestimmungen treffen.

(c) Die rechtsstaatliche und wirkungsmäßige Gewährleistung der Aufgabenstellung und des Organisationsstatus einer Stiftung kann in ihrem Gründungshergang besonders dann zum Hauptproblem werden, wenn mit dem eigentlichen Stiftungsobjekt nicht nur rein dem Gegenstand nach, sondern mehr noch durch das damit erregte Interesse über die Grenzen des in Öffentlichkeit, Kultur und Politik üblicherweise mit pluralistischen Abwägungen neutralisierend und doch zugleich auch impulsierend Bewirkbaren betontermaßen noch hinausgewiesen wird. Sind Gründungsbeteiligte dabei nur Bund, Länder und allenfalls noch weitere öffentlich-rechtliche Körperschaften, dann sollten in sich voll und schlüssig begründete Regelungen, auch was die Stif-

tungsaufsicht angeht, einen guten Start und Bestand haben können. Gehen solche Gründungen aber von Mäzenen aus, dann kann nur eine ihr eigenes genaues Maß in allem einschlägig Rechtlichen und Wirtschaftlichen bezeugende Gründung bedenkenfrei auf den Weg gebracht werden. Dabei wird sich eine ausdrücklich und einleuchtend erbetene Bundesregelung nicht ohne weiteres nur aus Kompetenzskrupeln verweigern lassen.
Eine solche Regelung mag sich in personenbedingt unaufschiebbaren und in sachbedingt dringenden Fällen schon durch staatsvertragsähnliche Kompetenzabgrenzungen und durch eine stiftungsgeschäftlich-satzungsrechtliche Positivierung des gesamten stiftungshaften Funktionsbereiches, einschließlich der als notwendig angesehen Kontrollen, für den gegebenen Anlaß erreichen lassen. Vorbildwirkungen auf Neugründungen in bedeutenden Gestaltungszusammenhängen sind davon aber kaum zu erwarten. Dazu würde es eines Normierungsrahmens bundeseigener Prägung bedürfen. Hierfür bieten sich einige Beispiele an, bei denen eine rechtsbestätigende oder rechtsgestaltende Zulassungskompetenz und die laufende rechtsstaatlich abgegrenzte Aufsicht miteinander verbunden sind. Solches hat sich nach Maximen und Verfahrensnormen zu vollziehen, die nicht allein im Ermessen staatlich abgegrenzter Lenkung verbleiben.

(d) Hierfür ist, vor allem indem es dabei um in ihren Funktionen leistungsfähig zu erhaltende Vermögensträger mit bestimmter Zwecksetzung geht, als eine beispielgebende Gestaltung die den Banken und Versicherungsunternehmen zugewandte Bundesaufsicht zu nennen. Aber auch für das Kartell- und das Patentwesen wirkt im Gestaltungs- und Aufsichtsverfahren die bundeseinheitliche Regelung dahingehend, daß sich die normierte Zuständigkeit eines Bundesamtes mit speziellen Prüfungskompetenzen verbindet und bei der Einschleusung streitiger Fälle in den Rechtsweg sowohl der Einheitlichkeit als auch der fachlichen Qualifikation der Judikatur kraft gesetzlicher Sonderregelung Ausdruck gegeben wird.
Im Bereich der Banken- und Versicherungsaufsicht haben sich Wirtschaftlichkeits- und Organisationsprüfungen in ihrer Effizienz und Neutralität derart bewährt, daß, im entsprechenden Vorgehen, von einer dem Uneigennützigkeitspostulat Geltung verschaffenden fachgerechten Stiftungsaufsicht jeder Verdacht staatlicher Einmischung oder auch nur der einer Behördenmentalität, wie sie den Rechnungshöfen, übrigens für das Urteil von Sachkennern unzutreffenderweise, nachgesagt worden ist, ferngehalten werden könnte.

(e) Was sich an solcherart präzisierte Obhutbegehren bei Stiftungsgründungen als eine Verfahrens- und Zuständigkeitsgestaltung neuen Stils, zunächst

mit rechtspolitischen Erwägungen und dann in der Normierung selbst, anschließen könnte, wird vom Bewußtwerden der idealtypischen Sonderstellung der Stiftung in der Rechtsordnung abhängen, vor allem von den sich eröffnenden Realisierungsmöglichkeiten des Postulats der Uneigennützigkeit in einer exemplarischen Existenz. Jedenfalls sollten solche Perspektiven dem Stiftungswesen eröffnet sein.
Solange an einer Gesamtrevision des in der Bundesrepublik geltenden Stiftungsrechts kein besonderes Interesse aufkommt und auch das Unternehmensrecht mit einschlägigen Regelungen noch auf sich warten läßt, sollte es für die Rechtseinheit kaum als nachteilig angesehen werden können, wenn zu elf landesrechtlichen Sondernormierungen, im wesentlichen solchen von angeblich verbliebener Ermessenskompetenz, nun für eine Obhut des Bundes begehrende Gründungen noch zusätzlich geeignete Dispositionen der Realisierungshilfe getroffen werden würden. Materielle Landesinteressen gibt es auf diesem Gebiet bei streng sachgemäßer Kompetenzausübung sowieso nicht zu wahren. Solche Zuschreibungen würden bei Stiftungen von größerer Tragweite nach Vermögen und leistungsmäßiger Ausstattung doch nur zufällig oder sogar belanglos sein. Das institutionell verfaßte Stiftungswesen selbst erwächst immer mehr in den Rang des gesamthaft Bedeutsamen. In diese Richtung weisende rechtspolitische Pionierleistungen einer exemplarischen Stiftungsgründung verdienen Beachtung und Förderung.

V. Orientierungshilfen für die Bestimmung der Grundwerte und zur Gewaltenteilung im Gemeinwesen durch das Stiftungsbeispiel

1. *Die Strukturqualität Stiftung als Prüfstein eines intakten Gemeinwesens in seiner Verfassung*

(a) Konnte dem Stiftungswesen in dessen exemplarischen Ausgestaltungen, zumindest der Idee nach, schließlich der Charakter einer idealtypischen Rechtsverwirklichung abgewonnen werden (IV), dann würde sich damit der zeitgenössische Umgang mit einer solchen Qualifikation im leistungshaft gegliederten Gemeinwesen Genüge sein lassen können, - sollte nicht aus übergreifenden Realisierungsnotwendigkeiten der Verfassungsordnung selbst für diese noch eine Hereinnahme von derart besonderen Strukturelementen in den staatspolitischen Gestaltungsprozeß geboten sein. Hierüber ist sowohl nach der Seite der bisherigen Stiftungspraxis in Recht und Gesellschaft als auch nach der von aktuellen oder zu erwartenden Gestaltungsnotständen in der Verfassungswirklichkeit Klarheit zu schaffen.

Das Stiftungswesen erstreckt sich nun allerdings nach seinen Erscheinungsweisen sowie mit seinen Verwirklichungsabsichten schon wie ein breites Band durch alle Bereiche artikulierter Gesellschaft und damit zugleich auch in einer mannigfachen Teilhabe an der Rechtsordnung. Allein schon das Vorhaben, darin ein urbildhaftes Geschehen im Rechtlichen überhaupt sehen zu wollen, setzt aber eine Anstrengung der Idee und auch des Begriffs voraus, die eigentlich erst noch zu vollbringen ist.

Für die dabei in Anspruch genommenen Betätigungsbereiche lassen sich einige stiftungshaft ausgeprägte Strukturen, vor allem solche sozialer und kultureller Art, veranschaulichen. Das beispielgebende Wirken von Gründern und nach diesen von den eigenen Amtsgeschworenen der Stiftungen findet oftmals weit über ihre eigentlichen Leistungsbereiche hinaus Beachtung, dies gerade auch im Sinne der Entfaltung originärer oder doch impulsierter produktiver, vor allem aber moralischer Phantasie. Uneigennützigkeit wird dabei zu einem Leitprinzip eigener Art und Elitäres wird sich hierzu rühmen lassen dürfen. Sogar staatsbürgerlicher Rang kann einzelnen Leistungen zugesprochen werden, soweit er nicht überhaupt schon der Bewährung im Stiftungsamt zukommt.

(b) Unmittelbar oder doch zumindest mittelbar für das Gemeinwesen gehandelt und diesem dabei auch ein eigenständiges Verhalten eingeprägt zu haben, wird dem Stiftungswesen mit seinen Exponenten und Institutionen zwar im Sinne eines Leitgedankens nachhaltig zu bestätigen sein, doch läßt sich nicht auch das Gemeinwesen selbst als mit eigenen Strukturgebilden des Stiftungshaften ausgestattet zur Darstellung gebracht finden. Stiftungsgründung und -betätigung verbleibt sogar oftmals ganz absichtsvoll im Privaten, gerade auch mit den eigenen Vorbehalten, befangen und seine rechtlichen Erscheinungsweisen wollen sich nicht ohne weiteres auch auf Gemeinwesenpflichtigkeit festlegen lassen. Es tritt also vom Stiftungswesen als einem Substanzkomplex her zwar bedeutungsvoll Ergänzendes und auch Neues zum öffentlichen Leistungwesen hinzu, aber das institutionell Ganze der Verfassung eines Gemeinwesens gewinnt damit nur allenfalls ihm zugewandte Dienste, aber kaum voll und ganz mit ihm Konföderiertes.
Somit kann für dieses gesamthaft Ganze doch das Stiftungswesen auch nur durch seine eigene Gestaltgebung - Stiftung dabei als originäre Rechtsform verstanden - Bedeutung haben, das dann aber sogar mit der beispielgebenden Bereitstellung einer eigenen Struktur. Diese ist in sich selbst vollständig gefügt und abgeschlossen als Zweck-Vermögen-Eigenorganisation und damit ihrerseits ausgegrenzt gegenüber den rechtlichen und gesellschaftlichen Verfügungskomplexen Eigentum, Mitgliedschaftsmehrheit, politische Gewalt.
Was das Gemeinwesen mit seinen eigenen Verfassungsgrundlagen unter solchen idealtypischen Strukturierungsaspekten an Orientierungshilfe zuerst einmal benötigen und damit auch erwarten könnte, das ist nicht ohne einen hinreichend deutlichen Markierungsakt staatspolitischer Selbstbesinnung auszumachen. Daran aber fehlt es auch bei allem Reden über eine Identitätskrise der demokratischen Repräsentanz im Hinblick auf die problematisch gewordene Regierbarkeit der organisierten Gesellschaft durchweg noch immer. Solange man nicht die Motivationskraft von elementaren Hoffnungsimpulsen zu spüren vermag, gibt es kein Vorstellungsbild von möglichen Gestaltungshilfen, sondern nichts als leere Skepsis.

(c) So kann zunächst auch nur schlicht gefragt werden, was staatsseitig der Erwägung von Beispielhaftem an in der praktizierten Rechtsordnung bereits anzutreffenden Gestaltungen mit realer Sinngebung bedarf. Dafür bietet die Zweckverwirklichung durch Stiftungsinstrumente sich als Konstitutionsformel an, wenn sogar im Großen nach einer Koinzidenz, nach einem Ineinanderverschmelzen von reiner Grundrechtsqualität und von Machtausgleich innerhalb einer Eigenorganisation ernstlich gefragt wird. Beides in eins verbun-

den stellt sich nämlich als die in ihren Wesensgliedern voll zur Selbständigkeit entfaltete Stiftung dar (IV).
Dem Gemeinwesen kann solche Idealität jedoch weder in einer rationalen Utopie des Funktionsgebildes Staat noch mit einer Phantasmagorie der Erscheinungsweisen der Staatsgesellschaft abgewonnen werden. Ehe dann allerdings eine streng sachgerechte Erschließung der Gemeinwesengesamtheit unter der Geltungsprämisse von dieser wesenseigenen Grundwerten sowie mittels der Unterscheidungs- und Ausgleichfunktionen der Gewaltenteilung vorgenommen werden kann, müßte überhaupt erst wieder nach dem eigenen Rang der Verfassung im Gemeinwesen, besonders in den noch unaufgelösten Verquickungen von Staatlichem und Gesellschaftsmächtigem gefragt werden können.
Von dem eigenen Grundrechtekomplex innerhalb einer normativen Ausbildung besonderer Leistungsträgerschaft bis hin zur Realisierung von ausgewiesenem Machtgleichgewicht durch Gewaltenteilung unter den Kontrollen öffentlicher Urteilskraft läuft der Erlebnisweg dessen, was neuerdings als besonderer Appell an das staatsbürgerliche Bewußtsein zum Postulat einer eigenen Gestaltgebung gemacht worden ist, – nun allerdings nicht wie traditionell der des Staates, sondern als unmittelbar der Verfassung zuzuschreiben, dies insgesamt dann sogar unter den anspruchsvollen Titel Verfassungspatriotismus gestellt.

(d) Zum Thema Verfassungsbewußtsein ein besonderer Exkurs: Wenn Patriotismus im Zusammenhang mit Verfassungswirklichkeit nicht nur als ein etwas prekärer Begriff wirken soll, dann dürfte er nicht in kleiner pädagogischer und publizistischer Münze vergeudet werden. Er müßte dann schon in einem eigenen Leistungskern realisierbarer Sachaufgaben zu verdeutlichen sein. Es haben dabei keine pseudosakralen Anklänge irgendeiner Dogmatik laut zu werden, auch weder die eines Neorationalismus noch die von Sozialutopien. Eher schon würde mit einem solchen Wort an etwas zu Rühmendes und sogar Feierliches erinnert werden können, wie an ein Patrimonium im Gemeinsamen des eigenen Volkes, nämlich an die Rechtsordnung in ihrem Wesensgehalt und in ihrer Grundgestalt; – als von der Nation, von den politischen Vätern zu Pflege und Schutz überliefert.
Es fällt noch immer schwer, davon als einem Beispiel die hinreichenden Anschauungsbilder zu gewinnen. Der Blick könnte nun allerdings auf eine geschichtliche Situation zu richten sein, in der Patriotismus – unter Gefahren, Irrungen und in tiefgehenden Notlagen gerade von den die Verfassung wahrenden Staatsbürgern gefordert werden mußte. Eine zeitnah aktualisierende Geschichtsschreibung, die dem Parteiwesen und dem prozeßhaft gedeuteten Zi-

vilisationswesen in globaler und materieller Zurechenbarkeit bisher noch jeden Vorrang vor der echten Leistungsbiographie von mitwirkenden Staatsbürgern und Zeitgenossen gegeben hat, kann zur Bekundung einer solchen Patriotismuserfahrung allerdings kaum etwas beitragen und so auch in den mit dieser Frage gekennzeichneten heutigen Notständen nicht weiterhelfen. Hierzu muß persönlich erlebte Geschichte erzählt werden, - allerdings ohne damit selbst nur für etwaige spekulative Aus- und Umdeutungen Material anzubieten. Derartiges übergreift schon das Erleben von drei Generationen, soll überhaupt im gemeinsamen Verstehen von so etwas wie Patriotismus die Rede sein.

Als nämlich nach dem ersten Weltkrieg eine neue Reichsverfassung das Eigenverständnis und den Selbstbehauptungswillen der damals jungen Mitbürger prägte, waren Staat und Staatsvolk in ihrem Bestand tief erschüttert, von innen und außen gefährdet, durch ein Kriegsschuldverdikt der Siegermächte, dazu von einer Annexions- und Niederhaltungspolitik in der eigenen Wiederaufrichtung betroffen. Aber eine solche Schuldzurechnung traf die Nation nicht (»... ein Rätsel aber ist Reinentsprungenes«, Hölderlin). So konnte die Verfassung, die selbstgegebene, als Ausdruck der moralischen Existenz der Nation gelten (»Schicksal und Freiheit in der Staatsidee« als Devise).

Diese Generation von Weimar kam in den Jahren eines Niedergangs, nach anfänglicher Völkerbundeuphorie und nach den kurzen Wohlstandsjahren einer neuen Währung, an die Front des Staatsdienstes in Notstandsgebieten so wie unter vielerlei sonstige Belastungen. Die Verfassung trug man im Wissen und im Gewissen, sie entsprach sogar mancher echter Tradition von 1848 her. Es war dies ja auch die erste Verfassung einer voll verantwortlichen Staatsbürgergesellschaft.

Was damals in aktuellen Notlagen und auch unter manchen ideologischen Versuchungen rein erhalten werden konnte, war ein Verfassungsbewußtsein in Eigenständigkeit. Der Katalog der Grundrechte und -pflichten galt in der Praxis weit mehr, als das Wort Staatsbürgerkatechismus ausdrücken konnte. Der Rechtsstaat, Gewaltenteilung als Selbstverständlichkeit bezeugend, wurde nicht nur vor den Gerichten bis in die tiefste Provinz, sondern sogar durch eine intakte Staatsverwaltung überall gewahrt. Diese verwirklichte auch den Sozialstaat selbst in Gebieten langanhaltender und größter Arbeitslosigkeit. Diesem Daseinsaspekt des Staates wurde Respekt sogar unter den Auseinandersetzungen der extremen Parteien gezollt.

Unter den Augen einer praktisch waffenlosen Verwaltung wurde im April 1932 ein SA-Verbot durchgesetzt und noch am 11. August des gleichen Jahres konnte von dazu beauftragten Staatsbeamten unbehelligt in aller Öffentlichkeit die Verfassungsrede mit einem klaren Bekenntnis zum Rechtsstaat und

zur Demokratie gehalten werden. Allenfalls unter juristischen Spezialisten umstritten, ließ sich publizistisch durchaus die These vertreten, daß ein Verfassungsumsturz nicht durch den Gebrauch von normierten Änderungskompetenzen, sondern nur durch Hochverrat herbeigeführt werden könnte. Das erklärt auch die sich an der Verfassung vorbeischleichende Machtübernahme der Umstürzler von 1933. Das Staatsbürgerbewußtsein konnte sich bis zu einer letzten Chance vor nackter Gewalt in Selbstvertretung üben. Daß die eigene Legalität der damaligen Verfassungspatrioten schließlich den Verfassungsfeinden ausgeliefert wurde, mindert nicht den Rang der Verfassung im geschichtlich Vollziehbaren und Bedeutsamen.
Wem es vergönnt war, in der ersten Stunde nach dem unter Kriegshandlungen erzwungenen Entweichens der Gewalthaber des autoritären Regimes für die eigenen Belange der deutschen Landsleute, auch als die von Staatsbürgern, einzutreten, der konnte sich im Rang des Verfassungspatrioten von Weimar dabei durchaus selbst legitimieren. Was die zweite Republik diesen Trägern eines autonomen politischen Bewußtseins zu verdanken hat, ist wohl deshalb bisher verschüttet geblieben, weil man genug damit zu tun hatte, erst einmal über die Not des eigenen Alltags hinwegzukommen. Das insofern Neue konnte dem anscheinend Alten doch nur deshalb nichts abgewinnen, weil die zwischen beiden liegenden Jahre gar kein politisches Überleben im Lande zu gestatten schienen; – bis man sich nun erneut der Frage nach einem Patriotismus der Bürger glaubt stellen zu müssen, aber dafür im Neuen nur wenig der Veranschaulichung Würdiges findet.

(c) Es könnte nach einem solchen Exkurs schon der Versuch lohnen, aus dem tiefergehenden Verständnis eines in der und für die Rechtsgemeinschaft bewährten Stiftungswesens in eigens dadurch angeregter produktiver Phantasie auch den Notständen einer gegenwärtigen Verfassungswirklichkeit zu begegnen. Dazu reicht allerdings die Erfahrung von etwa drei Jahrzehnten jüngster Vergangenheit umsoweniger aus, als in diesen kaum ernstliche Bewährungsproben unter politisch-moralischer Selbsthilfe zu bestehen waren. Dem üblichen Anspruchs- und Bewilligungsdenken fehlt insbesondere auch ideell jedes Gegenbild in der realen Aufbringungslast. Stiftung aber gründet in der Verbindung von beidem.
Doch sollten auch Einwände aus professioneller Skepsis zunächst erst einmal gerade hierzu schweigen müssen. Einer Gegnerschaft zu einem solchen Rettungsversuch der Verfassungsidee jedoch aus nichts anderem als den sich in den Konfliktsverhältnissen selbst einnistenden privaten und kollektiven Interessen wäre der Spiegel ihrer eigenen problematischen Existenz vorzuhalten. Wenn von Stiftungen als etwas Verfassungsbedeutsamem gesprochen wer-

den soll, dann könnte es schon genügen, damit die Vorstellung einer besonderen Bewährung zu verbinden, die vom Staatsbürger und Rechtsgenossen im Blick auf vielfältig-weite Verhältnisse im unabgrenzbaren Zeitenlauf zu erwarten ist.

2. *Das Stiftungsamt im Spannungsfeld von Grundwerten und Institutionen des Gemeinwesens*

(a) Was an Licht des rechten Verstehens von der Stiftung, als einer im Persönlichen qualifizierten Institution, auf den Staat, als die im Gemeinwesen verkörperte Willensbildungstruktur, zu fallen hat – und in gegenläufiger Richtung zur Erhellung des Stiftungswesens durch das Staatsbewußtsein der Bürger beizutragen vermag, – das ist in einem Prozeß wechselseitiger Sinn- und Zweckverdeutlichung erst noch beurteilungsgerecht zu erkunden. Zunächst können dazu mögliche Ansätze einer Analogie im Seienden aufgewiesen werden. Wo jedoch das Wort von der politischen Kultur in unserem Staatswesen zu vernehmen ist, da wird auch der Blick von einer damit angenommenen Mitte in beide Richtungen, also zur Stiftungsindividualität und zur Gemeinwesenrepräsentanz, zu richten sein.
Es ist prinzipiell rechtspolitisch aufschlußreich, daß vor 1945 zwar die herrschaftsfreie, personenbezogene Genossenschaft, als zur Trägerschaft von Eigentümerplanungen in Trümmerstädten geeignet, immerhin noch genannt werden konnte, daß jedoch nach 1945 zur Selbstbewährung im Recht, – dem einer Nation trotz allem, – dieser darin ihre angestammten Vermögens- und Leistungswerte bestätigend und bekräftigend, nun ganz resolut die von sich aus machtabweisende Stiftung sogar geradezu propagandahaft herausgestellt werden mußte: Stiftungshaftes somit wieder als Refugium eigenen Rechts und damit im Ansatz auch zu neuer eigener Staatlichkeit (II 4 e).
Worin Stiftung und organisiertes Gemeinwesen als in etwas Drittem zu gemeinsamer Deutung gelangen könnten, läßt sich schon an der in beiden Gestaltungsbereichen institutionell verkörperten Amtsidee nachweisen. Diese ergreift bei allen letztlich unter der Verfassung organisierten Leistungs- und Verantwortungsträgerschaften deren gesetzliche Repräsentanten auf den verschiedenen Stufen des Ämterwesens. Die Stiftung wird davon als solche ganz für sich und unmittelbar vor dem Gesetz erfaßt, wobei ihre eigene Organisation mit dem Amtsträger Stiftungsvorstand zusammenfällt. Insofern ist Stiftung personifiziertes Amt. Darin kann für problematische Situationen in unübersichtlichen und verrottenden Ämterstrukturen ein mahnendes Vorbild

gefunden werden, in Sonderfällen sogar die Veranlassung zur Begründung autonomer Verantwortung in Gestalt einer eigens ausgegliederten Stiftung.

(b) Hierzu kann sich eine ganz besondere Veranlassung dadurch ergeben, daß eine einzelne bestimmte, im öffentlichen Ämterwesen verankerte Aufgabe sich in Gemenge- und Konkurrenzlagen mit Andersartigem nur unzulänglich erfüllen läßt, daß aber auch deren Verselbständigung in einer eigenen Behörde nur zu neuen Komplikationen innerhalb der Ämterhierarchie führen würde. Mit der Organisierung solcher Aufgaben als eine für diese ausschließlich und definitiv verantwortliche Stiftung würde auch die eigene Beziehung auf den sich in der konkreten Aufgabe verkörpernden Grundwert des Gemeinwesens herauszustellen sein. Damit rückt die Grundwertequalität dann auch in ein institutionelles Sonderverhältnis zum Gemeinwesen. Stiftungen als Gefäße der Wertwirklichkeit stellen sich unter der Garantie der Verfassungsgrundrechte als aktiv und passiv eigenständig legimiert dar. Sie ragen damit aus einer üblichen Ämterordnung heraus, für die sonst dem Staat seine Kompetenz zur Verwirklichung der Grundrechte zukommt.

Damit sind ein Rang im Dienst der Wertordnung und zugleich eine Amtsqualität reiner Personalität erreicht, die zusammen eine eigene Um- und Abgrenzung nicht nur im Gemeinwesen, sondern auch in die Rechtsordnung hinein zu bedeuten haben. Aufgabensetzung und Eigenorganisation einer Stiftung stellen diese, - Form und Freiheit in sich, aber auch für sich wahrend, - in ihrer Absonderung vom Hoheitsbereich des Gemeinwesens dar. Die Stiftung nimmt am politischen Auftrag der Daseinsverwirklichung kraft Verfassung nur in der Auftragsart und -weise vermöge eigener Satzung teil. Anders als der Hoheitsverwaltung kommt ihr kein Anteil an der politischen Entscheidungsgewalt, weder an deren Not noch an ihrer Ehre, zu. Sie hat ihren Satzungsauftrag zu wahren und kann damit der Wertewirklichkeit im Gemeinwesen einen vollkommenen und reinen Ausdruck geben. Soweit eine Stiftung damit in einem Spannungsfeld sowohl der Grundwerte als auch der Machtstrukturen zu wirken hat, nimmt sie doch diese dynamischen Faktoren nicht in sich auf, sondern eher schon dient sie diesen zu ihrem Ausgleich.

Dies sollte vor allem für das Satzungspflichtverhältnis solcher Stiftungen gelten, die aus besonderen Zweckleistungsverhältnissen als deren Instrument ausgegründet worden sind. Gehen diese nämlich schließlich ganz in der Lenkungskompetenz einer ihnen übergeordneten Organisation auf, dann haben sie damit aufgehört, eine eigenständige Stiftung zu sein. Als bloße Hülsen müßten sie sogar früher oder später liquidiert werden.

(c) Wird das kritische Verständnis der Stiftung auf deren Amtsqualität, an der ja auch ihre eigene Organisation teil hat, zurückgelenkt, dann vermag die Doppelfunktion von Bindung und Freiheit als Ausdruck eines wesenseigenen personalen Faktors evident zu werden, zugleich aber auch der Eigenwert der Rechtsgestalt Stiftung. Damit könnte sich ein besonderer Weg in den akuten Orientierungsnotlagen von allem sozusagen Öffentlichen beschreiten lassen und zugleich einer essentiellen Deutung von Wort und Sinn der Institutionalität in den Wirrnissen der Zeit gedient werden.
Was sich in einer wohlgeratenen Stiftung veranschaulichen läßt, sollte auch dem Verständnis des Gemeinwesens zumindest in seinen machtneutralen, werthaft erfahrbaren Strukturen zugute kommen können. Es mag oftmals schwer sein, für institutionelle Lebensformen die ursprüngliche Legitimation im Persönlichen und eine eigene wesensgerechte Ausdrucksweise zu bestimmen. Soweit sich derartiges im Rahmen eines größeren Ganzen aber als etwas Leistungshaftes anzubieten vermag, läßt sich demgegenüber sogar ein Ärgernis an starr geübten Kompetenzen meistens noch in Grenzen halten.

Für das Gesamte des Gemeinwesens und seine tragenden Strukturen sollte allerdings, schon der Wahrung staatsbürgerlicher Freiheit wegen, ein Ineinanderklingen der institutionellen Beanspruchungen und der kommunikativen Beteiligungen zur eigenen Erfahrung aller hierfür aufgeschlossenen Zeitgenossen zu werden haben. Dafür bietet die Stiftung eine Welt der Werte und dazu eigene Ordnungen wie in einer Nußschale an. Es bleibt alsdann nur noch der Wunsch, für das Gemeinwesen und seine Strukturen möge ein reines Bildverständnis geweckt werden können, das die Begriffe des Institutionellen und des Kommunikativen miteinander in ein solches des gewährleisteten Beteiligtseins alles real Öffentlichen hinein zu steigern vermag, – für das die Stiftung immerhin als ein überzeugungskräftiger Wesensausdruck angenommen werden kann.

3. *Gründungsbewußte Stiftungsgestaltungen im Einklang der Grundwerte und Grundrechte als einer Gesamtheit*

(a) Zu dem was beim Inswerksetzen einer Stiftung als Entscheidung über ihren Charakter eindeutig im Sinne eines eigens übernommenen und zu verkörpernden Amtes hervorzutreten hat, muß einwandfrei die Bestimmung dessen passen, was sie von sich aus im Gemeinwesen zu leisten hat und worin sie den in diesem geltenden Grundwerten verpflichtet sein will. Bleibt eine Gründung unter diesem Niveau, dann wird ihr zwar ein privates Dasein, auch ein

solches nach privatrechtlichen Regeln, nicht abzusprechen sein, sie kann aber kein öffentliches Interesse, auch nicht in eigenen Notstandssituationen, für sich beanspruchen.
In dem Maße, wie in einem sich insofern wieder stärker politisierenden Gemeinwesen über Wert- und Zielpräferenzen Rechenschaft gegeben werden muß, rücken auch die Stiftungen unter die Rechtfertigungsvorgaben der Grundrechteordnung der Verfassung. Diese setzt die Grundwerte der Staatsbürgergesellschaft als eine Gesamtheit voraus und bietet damit auch die Möglichkeit einer ganzheitlichen Orientierung am Grundrechtekatalog selbst. Zugleich tragen damit die rechtlich und ideell integrierten Stiftungen zur Veranschaulichung und Bestätigung der exemplarischen Werthaftigkeit im Gemeinwesen bei.
Geradezu gegenläufig zu den üblich gewordenen Selbstdarstellungstendenzen einer Grundrechtepraxis, die von den einzelnen Gewährleistungspositionen aus, diese dabei kasuistisch vereinzelnd, den jeweiligen Schutz- und Begünstigungsansprüchen zur Anerkennung verhelfen will, würde eine Gründungsentscheidung zur Stiftungsrealisierung von einem insofern ganzheitlichen Grundwertekomplex getragen sein können und diesen dadurch als ein Abbild des Gemeinwesens ihrerseits mit zu veranschaulichen vermögen. Sollte es sich nicht schon ohne weiteres überzeugend bewerkstelligen lassen, aus einzelnen bereits als beispielhaft geltenden Stiftungen eine Idealfigur im Sinne solcher Grundwerteverwirklichungen auch im eigenen Erscheinungsbild, dieses damit voll vergegenwärtigend, herauszuheben, so ließe sich so etwas doch für das Stiftungswesen im Ganzen erfolgversprechend in die Wege leiten. Es müßte dazu allerdings noch eine wissenschaftliche Feldarbeit von großem Ausmaß geleistet werden.
Es gilt dabei, an allen Stellen etwaiger Verlautbarung des Wortes Stiftung, also auch in sogar ganz abgelegenen und verborgenen Bereichen, festzustellen, was damit an Tatsächlichem und Beabsichtigtem bezeichnet wird. Es sollte somit eine topologisch-enzyklopädische Gesamtdarstellung dessen geboten werden, was sich in der heutigen freien Welt mit fast jedem irgendwie markanten Ereignis des kulturellen und sozialen Lebens an Dokumentierungsabsichten und für das meiste gleich auch an Förderungsverlangen verbinden läßt. Kaum ein Name aus der neueren Kulturgeschichte bleibt dabei ohne einen eigenen Gedächtnisdienst, aber auch für viele Daten des Zivilisationsgeschehens sollen auf solche Weise gesetzte Merkzeichen abgesichert werden. Würde dies alles zusammen einmal zur Vergegenwärtigung mittels eines computermäßig nutzbaren Thesaurus der Stiftungsrealitäten gelangt sein, dann ließe sich auch in neuer Weise über die aktualisierbare Grundwertebereitschaft der Gegenwart sprechen (IV 4 c).

(b) Für ein solches Sinnstiftungs- und -deutungsvorhaben kann mit Hilfe des Grundrechtekatalogs der Verfassung insofern schon eine Vorarbeit geleistet werden, als nicht nur zur Verteidigung von einzelnen Positionen, sondern zur originären Begründung von etwas bestandskräftig Wirkendem die Grundrechtenormen als Anspruch und Verpflichtung ganz ernst genommen werden. Was auch in einer Stiftung als ihre Aufgabe institutionalisiert werden mag, immer geht es dabei um die Freiheit der Person und dies nicht nur vom Gründungsgeschehen her gesehen, sondern auch mit der durch die Rechtsordnung übernommenen Gewährleistung der unangefochtenen Existenz der Stiftung selbst. In den Stiftungsgremien findet der Schutz der Person mit den ihren Aufgaben zugewandten Befähigungen einen Gegenstand eigener Art. Stiftungsexistenz bedeutet nämlich nicht etwas Funktionales, sondern personhafte Leistungsbewährung überhaupt und somit Unverletzlichkeit in einer ganzen Sphäre der Freiheit, - von Bekenntnis und Gewissensbezeugung, von Meinungsäußerung in Kunst und Wissenschaft; womit aber auch in Sachen des Gemeinwesens, genau nach dem Satzungszweck, vor allem der Entfaltung der Persönlichkeit im Aktivstatus darin Ausdruck gegeben wird, was für die Stiftung von der sich mit ihr pflichtgemäß in eins setzenden Person aus wahrzunehmen ist.
Je nach der besonderen Aufgabenstellung sind von einer derartigen Freiheitsbewährung in der Stiftung sowie dann durch diese auch selbst ganz bestimmte unter den Gleichheitsgarantien der Verfassung stehende Gemeinschaftswerte zur Darstellung zu bringen, wie solche beispielsweise für das Schulwesen und bei Religionsgemeinschaften einer Stiftungsobhut anvertraut sein können.
Die ganze Fülle der Freiheits- und Gleichheitsgewährleistungen wird mit ihrer Verwirklichung in der Betätigungssphäre des Menschen von solchen Stiftungen für diese und ihre Organe in Anspruch genommen, die mit einer abstrakten Verallgemeinerung als die einer institutionellen Funktionsträgerschaft gekennzeichnet werden (II 5); - wie sie in ihren Leistungsverwirklichungen sogar fast den ganzen Grundrechtebereich der Person zur eigenen Qualifizierng beanspruchen können. Damit läßt sich stets eine Gesamtheit von realisierbaren Grundwerten umfassen und dem Gemeinwesen ein Beispiel für seine eigenen Darstellungsmöglichkeiten geben.

(c) Die Anspannung von Grundrechtegewährleistung und -repräsentanz erfährt bei Stiftungen eine einzigartige Steigerung mit der Einbeziehung von Werten des Sachvermögens und seiner Gestaltungen im Eigentumsprozeß einer Gesellschaft, gekennzeichnet in ihrem geschichtlichen Bestimmungs- und Bedeutungswandel. Hierbei geht es nicht nur um die stiftungsspezifische

Widmungsfreiheit (III 2), sondern auch um Gestaltungsfreiheit als Ausdruck der zu achtenden Menschenwürde in allem, was die Grundwerte und Grundrechte betrifft. Damit ist verbunden die besondere Schutzwürdigkeit der Rechtsform Stiftung (II 2).
Eine konzentrierte Inanspruchnahme der Eigentumsgewährleistung für Gegenstände im Stiftungsvermögen ist dann notwendig, wenn diese Gegenstände selbst, etwa ihres kulturgeschichtlichen oder künstlerischen Wertes wegen, die Zwecksetzung der Stiftung ausdrücklich kennzeichnen. Dabei kommt es zu mancherlei in die personale Leistungssphäre der Stiftung hinein wirkenden Sondergestaltungen. Von epochaler Bedeutung ist es jedoch, - wie sich schon bei der Wiedererinnerung an die eigene Verfassungsbedeutung des Stiftungshaften nach 1945 herausgestellt hat (I 4), - daß die Einbeziehung von Wirtschaftsunternehmen in die Zwecksetzungs-, Ausstattungs- und Organisationsentscheidung einer Gründung direkt auf den elementaren Eigentumsschutz nach Art. 14 GG hinausläuft (III 4) und daß dieser dabei noch eine besondere Sinnbestimmung zu erfahren vermag: Kann doch das säkulare Spannungsverhältnis von Privatpersonen und speziell ihrer Erben zum Gemeinwesen gerade im Geiste der besonderen Verpflichtung, damit dem Wohle der Allgemeinheit zu dienen, für Stiftungen, die ja selbst schon im Gemeinwohl gebunden sind, auch noch mit Grundwerteerwägungen von ganz subtiler Sinn- und Sachgerechtigkeit zu einer exklusiven Beurteilung gelangen. In solchen Stiftungen ist nämlich der personale Faktor durch den Amtscharakter ihrer ganzen Existenz mit einer des Schutzes der Freiheits- und Gleichheitsgrundrechte angemessenen, wie auch bedürftigen Besonderheit vorgeprägt.

Für eine verfassungskonforme Unternehmensträgerschaft sind aus den Erfahrungen mit dem Stiftungsrecht, denen von Gründungsansätzen und einer stilgerechten Konkordanzpolitik (III 4), in der Grundwerteperspektive möglicherweise noch höchst bedeutsame Gestaltungsinspirationen zu erwarten, wenn hierfür schließlich überhaupt eine ausgewogene Verfassungsentwicklung wahrgenommen zu werden vermag. An der Stiftung kann sich die Schicksalsfrage nach einer rechtsstaatlich grundwerthaften Verfassung der ständig neu zu verwirklichenden gesellschaftlichen Machtverteilung entscheiden.

4. *Veranschaulichungshilfen zur Verwirklichung der demokratisch-rechtsstaatlichen Gewaltenteilung*

(a) Läßt sich staatspolitische Urteilskraft auch nicht dazu gebrauchen, in Regierbarkeitskrisen der demokratischen Verfassung dieser aus rechtsstaatli-

chen Gestaltungsbeispielen, wie sie vom Stiftungswesen her gewonnen werden können, bereits unmittelbar wirksame Bewährungshilfen zuzuwenden, so sollte ein solches Beispiel doch zur Veranschaulichung wesentlicher Tatbestände im Gemeinwesen und damit auch zu der von Verwirklichungskräften eines geläuterten zeitgenössischen Staatsbürgerbewußtseins beitragen können. Werden Gefährdungen des staatspolitischen Gleichgewichts in der Unausgewogenheit der aktuellen Machtverhältnisse, also in Gewaltenteilungskonflikten der wirksamen Organisationsmächte, festgestellt, dann sollte es immerhin naheliegen, im eigenständig verfaßten Stiftungswesen zumindest der dort angebotenen Gewährleistung wohlerworbener Unabhängigkeit mit besonderer Aufmerksamkeit zu begegnen, wenn nicht sogar der beispielhaft konstituierende Selbstgestaltungsimpuls, der gerade Stiftungen eigen sein kann, zur Verdeutlichung möglicher sonstiger Ordnungsstrukturen im Staatswesen genutzt werden könnte.
Der Versuch zu einer solchen ideell-politischen Begegnung wird durch eine Selbstinterpretation von Stiftungsseite einzuleiten und von der Verfassungspolitik her mit einer Eigenkritik im zentralen Bereich der Gewaltenteilungspraxis aufzunehmen sein. Was dabei die Verbindung von demokratischen und rechtsstaatlichen Gestaltungskräften angeht, so würde sich diese in einer weiteren vergleichenden Konfrontierung erst noch als sinnvoll durch Stiftungs- und Staatsorganisation bzw. -motivation realisierbar erweisen müssen.

Die in einer regulär ausgebildeten Stiftung zur Funktionseinheit verbundenen Satzungsfaktoren Zweck-Vermögen-Eigenorganisation definieren sich selbst unter der demgemäß dreifach artikulierten Leitidee der Uneigennützigkeit auf einen rein personalen Status (IV 2) hin; – so wie die Stiftung die Verkörperung der nicht nur als eine fiktive Behelfskonstruktion sondern als Realität verstandenen juristischen Person ist. Was hier nach innen gerichtet als die Einheit des Leistungsträgers Stiftung konstituiert erscheint, wird nach außen hin offenkundig, – gewissermaßen wie an die Kuppel eines Planetariums projiziert, – als das Abbild der universalen Wirkensgesamtheit aller mit der Verfassung des Staates in ein Geschehensganzes einbezogenen Leistungsverwirklichungen, – dies insgesamt wie im Kosmos einer erst so in ihrer Fülle und Vollkommenheit zu begreifenden Gesellschaft, nämlich der von allem bewährt Personalem angeschaut.

(b) Wie in der Stiftung, durch das Uneigennützigkeitserfordernis klar für sich ausgeprägt, die Eigentumsherrschaft ganz von irgendwelchen privaten Vermögensträgern sowie von ihren Willkür- und Schicksalsbedingungen losgelöst ist, so läßt sich unter dem integralen Verfassungsregiment auch die ausgebildete Sachherrschaft mit ihren Geschehnissen in vorsorglich erwogenen

Grenzen zu halten, - ohne daß darin schon der Bürger selbst verarmt. Wie in der Stiftung keine nach der Mehrheitswillkür wechselnden Mitgliederkreise über deren Bestand an Zwecken und Mitteln verfügen können, so läßt die Verfassung keine Übermacht privater Organisationskonstellationen, vor allem nicht in Massenverschwörungen, zu, - ohne daß deshalb aber die Initiative der Zeitgenossen und Staatsbürger erlahmen und ihnen das Lebenselement demokratischer Selbstbetätigung getrübt würde. Wie in der Stiftung kein politisches Mandat von Hoheitsträgern ohne genaue Gesetzesbindung wirksam werden kann, so schützt sich der Staat in der Entfaltung seiner eigenen Sphäre durch ein ganzes System von Funktionen der Gewaltenteilung, - ohne daß damit die staatspolitische Verantwortung in ihrer Entscheidungsmächtigkeit vor Schicksalsnotwendigkeiten erblassen müßte; auf diese Weise zugleich den rechtsstaatlichen Gewährleistungen erst ihren eigentlichen Sinn abgewinnend.
Ist so die Konstellation im Ganzen mit der wechselseitigen Verdeutlichung von personhaft organisiertem Kern und funktionshaft stabilisierter Gesamtheit klarzustellen, dann sollten sich auch für Störungen im inneren und äußeren Gleichgewicht des Verfassungssystems für beides sachgerechte Hilfen bieten lassen. Für Stiftungen sind diese unter der Kontrolle der Gerichte von Staatswegen in Bereitschaft zu halten (III 5, IV 4). Für die öffentliche Sphäre pluralistischer Machtentfaltung werden, wenn das Thema der Regierbarkeit in der Spannung von Demokratisierung und liberaler Gewährleistung festgestellt ist, sich schließlich immer wieder besondere organisationshafte und zugleich motivationsträchtige Gestaltungshilfen anbieten lassen.

(c) In dieser Stabilisierungsbedeutung ist seit Beginn des neuzeitlichen Verfassungsdenkens zu den drei im Staat zur Funktionsgesamtheit verbundenen Gewalten von Gesetzgebung, Exekutive und Justiz immer auch eine neutrale, gesamthaft ausgleichende Gewalt hinzugedacht worden. Dafür gibt es jedoch seit dem Ende legitimistischer Tradition keine Denkansätze mehr. Ein solcher ist auch nicht im personifizierten Hüter der Verfassung zu finden. Realisierbare Gedankenexperimente, die dem politische organisierten Staat ihrerseits selbständige Gewaltbereiche des im Wirtschaftsorganismus sowie im Geistesleben macht- und wirkungsvoll bereits Vorgegebenen entgegensetzen und zuordnen wollten, haben offensichtlich ausgespielt. Der Autonomie des Kulturlebens in allen seinen Verwirklichungen wird allerdings mit wechselseitigen Bindungen von demokratischen und rechtsstaatlichen Funktionen zu dienen sein.
Auch der Gesamtprozeß des hervorbringend Wirtschaftlichen und des zuteilend Sozialen läßt sich nicht in einer eigenen Funktions- und Gestaltgebung

als eine Vierte Gewalt etablieren. Es muß hierzu genügen, den Blick von etwaigen Experimenten mit einer Kompetenzkonfiguration Wirtschafts- und Sozialrat, der doch immer das dritte stabilisierende, nämlich von Massen- und Zweckorganisation unabhängige Element fehlen müßte, weg und allenfalls auf eine ihrerseits machtlose Funktionsträgerschaft in reiner staatspolitischer Sinnfindung hin zu lenken (5). Deren Verkörperungen würden nicht in eine Konkurrenz zu anderen Funktionsträgern der öffentlichen Gewalt, vor allem nicht der im Verfassungsrecht institutionalisierten Gewalten, zu treten haben.

Bedeutet Demokratie eine Ausbalanzierung der elementaren Gewalten in der Verfassungswirklichkeit, dann muß doch deren rechtsstaatliche Entsprechung auch in der Sicherung solcher eigenständig ausgebildeter Positionen gefunden werden können, wie diese besonderen Funktionsträger-Stiftungen zukommen, die sich selbst dem politischen Geschehen durch uneigennützige Beratungshilfe verbinden. Indem derartiges mit der Veranschaulichung der Stiftungskultur als einer gewaltfreien Selbstbetätigung vorgegeben erscheint, wird für die Zukunft des Verfassungsstaates kaum noch auf epochale gesellschaftspolitische Reformen eine besondere Erwartung zu setzen sein. Statt dessen wird im Wandel der Sinngebung durch geläuterte Erfahrungen, wie sie durch das Stiftungswesen immerhin möglich sind, einem Fortschritt, den es doch geben muß, entgegengesehen werden können.

5. *Stiftungen als Vertrauensträger im Prozeß der staats- und gesellschaftspolitischen Selbstfindung*

(a) Läßt sich dem Stiftungswesen auch manches an Veranschaulichungshilfen für die im Staatswesen konstruktiv zu verwirklichende Gewaltenteilung abgewinnen, so sollten doch an eine unmittelbare Übernahme von stiftungshaften Strukturen in das Gefüge institutioneller Staatlichkeit noch keine ernstlichen Erwartungen geknüpft werden. Was jedoch in der staatlichen Verantwortungsbewährung und in der gesellschaftlichen Teilhabeverwirklichung als personhafte Faktoren gerade durch Stiftungseinsätze zur Geltung gebracht werden kann, das sind die zu politischer Selbstfindung motivierenden exemplarischen Vertrauensgründungen durch gestalthaft ausgebildete Träger von jeweils ganz bestimmten Aufgaben im Gemeinwesen.
Daraufhin könnte sogar für die Tendenz zu einer Selbstprofilierung staatlicher und gesellschaftlicher Macht- und Gestaltungsträger in einem dazu eigens als Zweckbehelf konstruierten Stiftungshaften Raum gewonnen werden; wobei auch mancherlei politisch halbwegs Problematisches immerhin über

die damit ohnehin verbundenen, oftmals in tiefgehenden polemischen Unterscheidungen hinweg sich schließlich doch noch als etwas entwicklungsbedingt Ergänzendes und Zusammenwirkendes auszuweisen vermöchte (I 4).
Von einer Stiftungskultur des sich wechselseitig bestätigenden Ausgleichs von Schenkung im Gegenständlichen und von Personhaftem in eigener Aufopferung sollte jedenfalls mit größerer Selbstverständlichkeit gesprochen werden können (I 5), wenn dazu beispielgebende Stiftungen ihre Anerkennung gefunden haben würden.

(b) Ist dem Stiftungshaften seine Unabängigkeit gegenüber der politischen Organisation des Gemeinwesens und in gleichem Maße auch gegenüber den Mitglieder- und Interessenverbänden des öffentlichen Lebens als eigenes Wesensmerkmal eingeprägt, dann wird es gerade dieses Eigencharakters wegen zum echten Vermittler zwischen jenen beiden Sphären, also im elementaren Spannungsfeld von Staat und Gesellschaft, berufen sein können. Vermag sich eine Stiftung im konkreten Fall dazu einer durch die in ihr praktizierte Uneigennützigkeit exakt gekennzeichneten Neutralität zu vergewissern, nämlich der gegenüber allen durch etwaige Eigentumsverhältnisse bewirkten Abhängigkeiten, sowie auch angesichts jeglicher Inpflichtnahme dazu, dann steht sie vor dem seinerseits in einer Sphäre der Machtlosigkeit existierenden Zeitgenossen und Staatsbürger geradezu als sein Verbündeter im Kampf mit Machtmißbrauch, auch einem mehr subtil meinungspolitischen, selbstbestätigt da. Dies gilt allerdings nur unter einer die Grundrechte gewährleistenden Staatsverfassung und in einer die Verfahrensregelungen der Demokratie achtenden Gesellschaft. Beiden, Staat und Gesellschaft, diese Qualitäten zu erhalten, kann damit der vornehmste Daseinszweck solcher Stiftungen in der staatsbürgerlich-zeitgenossenhaften Öffentlichkeit sein.
Die Themen und Aufträge für eine solche vertrauensstiftende Leistungsträgerschaft sind bei einem Blick in die Tagespresse fast auf allen Feldern nicht nur unserer öffentlichen Angelegenheiten zu finden, sondern dazu in vielerlei Sonderverhältnissen des Angewiesenseins auf Treu und Glauben im Umgang mit den Tatsachen in allen gemeinsamen Betätigungsbereichen. Oftmals sind schon, wenn auch mehr oder weniger institutionell, solche Aufgaben unter der Nennung des Stiftungstitels hindeutend gekennzeichnet zu finden. Andererseits fehlt es dabei aber oftmals, über den bloßen Vertrauensappell hinaus, an der Ernsthaftigkeit der eigenen Beurteilungsleistung. Es kommt für solche über jeweils einfache Schlichtungsversuche hinausgehenden Vorhaben nämlich wesentlich darauf an, daß der Träger einer solchen besonderen Leistung nicht nur von Fall zu Fall nach Auftrag handelt, sondern daß ihm dafür ein Amt zusteht, – wie dies für das Stiftungswesen ein konstitutives Merkmal ist.

(c) In welche Richtung dabei die rechtspolitische Wachsamkeit für Aufgaben des Stiftungswesens ihren Blick zu richten haben würde, sollte eigentlich nicht von diesem selbst her mit einer Geste der Inanspruchnahme bezeichnet werden, sondern ganz mit den aus einer erwiesenen Notlage und mit dem Entschluß zur Abhilfe auftretenden Problemanliegen eigenbegründet an die Öffentlichkeit kommen. Um darin bei einem zwar das Gemeinwesen schon berührenden, aber noch nicht an den Gewaltenteilungsfrieden unmittelbar appellierenden Anliegen den exemplifizierenden Anfang zu machen, sei die in ihren Extremsituationen bisher nicht bewältigte Aufgabe einer sach- und personengerechten Kanalisierung von Nachfrage-Marktmacht genannt. Dazu ist als wettbewerbspolitisch besonders bedeutsam die problematische Qualifizierung von Behörden und Gerichten zu verbindlichen Feststellungen bei Mißbrauchstatbeständen vermerkt worden. Eine in jeder Hinsicht unabhängige, über bewährte Sachkenntnis verfügende und in ständiger Bereitschaft zur Hilfeleistung stehende Stiftung würde sich als ein solcher Funktionsträger im Niemandsland zwischen politischen Interessen oder einer doch von diesen abhängigen Kompetenz einerseits und den in einer besonderen strukturellen Situation des Marktes betroffenen Unternehmensbereichen andererseits zu bewähren haben.
Als noch viel weiter ausgreifend und eigentlich schon eine verfassungspolitische Lücke im System der staatsbürgerlichen Information und Urteilsbildung kennzeichnend, ist der Vorschlag zur Schaffung einer in aller Öffentlichkeit wirkenden Evidenzzentrale für die erfahrungsfähigen und -würdigen finanzpolitischen Belastungs- und dazu auch Begünstigungsverhältnisse zu verstehen; so wie diese sich unter den Auswirkungen von Besteuerung, subventionierenden Ausstattungen und dazu der politisch veranlaßten, als solche zu kennzeichnenden Inflationierung selbst darstellen. Dies gilt zugleich mit allen Umverteilungskonsequenzen für die in ihrem situations- und gruppenhaft weitgehend differenzierten Status, als dem einer Zwangsteilhabe, betroffenen Mitbürger (I 3, II 5, III 5). Dazu würde einer durch Gesetz berufenen Stiftung in ihrer Funktionsträgerstruktur der eigens formulierte Auftrag geradezu auf den Leib zu schreiben sein.

(d) Mehr noch in eine grundlegende Vertrauensgewährleistung durch Urteilsfähigkeit im Mitwissen von Gemeinwesendingen hinein würden die den Staatsbürgern zu erschließenden Tatbestände der mittelfristigen Bevölkerungsentwicklung, sowie solche der voraussehbaren Änderungen in den Bedarfsdeckungsbilanzen, besonders denen der Rohstoffe und Energieträger, weisen können. Man wird allerdings mit neuen Begutachtungsprojekten zu solchen und ähnlichen Themen nicht direkt auf bestimmte Institutionalisie-

rungen auszugehen haben. Damit könnte sich der Informationswirrwar zunächst nur noch steigern. Erst eine klar erkannte Bereitschaft für bestimmte öffentliche Anliegen bei den Mitbürgern zur eigenen Urteilsbildung könnte für die mit solchen Aufgaben zu befassenden Stiftungen eine hinreichend sichere Leistungsgrundlage bieten. Man müßte also zunächst erst einmal mit der sich als erprobt erweisenden Befähigung zur Vertrauensträgerschaft auch den Auftrag und dessen Organisationsvoraussetzungen genauer bestimmen können. Damit werden aber auch schon die Fronten erkennbar, vor denen eine solche gänzlich unabhängige und ihrerseits voll ausgestattete Funktionsträgerschaft zu stehen hat: Nämlich die der Organisationen öffentlicher Gewalt und gesellschaftlicher Macht bei Staat, Wirtschaftsprozeßpräsenz und Gewerkschaften.
Ein politisch neutraler Auftrag könnte auch für solche Funktionsträgerstiftungen ins Auge zu fassen und auszuformulieren sein, die sich ernstlich die Aufgabe zu stellen hätten, dem öffentlichen Vertrauensschwund gegenüber den Natur- und Sozialwissenschaften begegnen zu müssen. Einer solchen Thematik, die als Spannung zwischen rationalistischer Denkweise und quasi-apokalyptischer Weltbilderschütterung, aber auch als eine solche zwischen rein menschlich orientierten und politisch verpflichteten Entscheidungen, damit aber als die einer komplexen Hilfslosigkeit zu kennzeichnen ist, fehlt es an dem institutionellen Bindeglied zwischen der staatlichen Kompetenzsphäre und der frei organisierten Wissenschaft. In dieses Ortientierungsvacuum hinein gerichtete Rettungsversuche werden an der Stiftung als einem möglichen gemeinsamen Vertrauensträger zur Selbstfindung auch im desparaten politischen Kräftespiel nicht vorbeigehen können.

(e) Ein strukturpolitisches Jahrhundertthema besonderer Art findet sich als zwischen der staatlichen und der gesellschaftlichen Machtsphäre herausgehoben feststellbar, nämlich als die das nötige Demokratieverständnis der Staatsbürger mit den eigenen Teilhabeerwartungen im vielfältigen Geflecht von Verbändemitglied- und -genossenschaften verknüpfende Frage, was nach der Eigentums- und Gesellschaftsverfassung mit jenen Unternehmen zu geschehen habe, die keiner eindeutigen Zurechnung in den personenbezogenen Verfügungsverhältnissen unterliegen. Diese erweisen sich nämlich meistens als ein verfassungsrechtlich nicht ausformuliertes Kondominium von Ministerial- und Gewerkschaftsbürokratie. Will man es dabei bewenden lassen, etwa weil nur so der ständige Zugang zu den Kapitaldotierungen des Staatshaushalts gesichert erscheint, dann wird dies mit einer hochrangigen Publizität vor dem Steuerzahler und auch gegenüber den so zu einer ständigen stillen Mitfinanzierung angehaltenen unternehmens- und konkurrenzwirtschaftlichen

Existenzen zu Darstellung kommen müssen. Jedenfalls wird für solche Berichtskomplexe der maßgebliche Unternehmensstatus zu dokumentieren und lückenlos festzuschreiben sein. Hierzu besitzt der Fiskalstaat keine ausschließlich eigene Beurteilungskompetenz, wie bisher auch ein derart spezielles Finanzrechtsverhältnis Staat-Unternehmen unartikuliert geblieben ist. In welcher Funktion hierzu eine Stiftungsträgerschaft eingerichtet werden könnte, müßte einer dieserhalb erst noch einzuleitenden öffentlichen Urteilsbildung vorbehalten bleiben.
Sollte hierzu für Unternehmensträgerstiftungen mit voll entwickelter Eigenorganisation unter unmittelbarer Öffentlichkeitskontrolle eingetreten werden können und so ein allseits, sowohl ein im allgemeinen Demokratieverständnis der Steuerzahler als auch im speziellen Mitwirkungsinteresse von Betriebsangehörigen, wirksam bestätigtes Konzept zu formulieren und zu vertreten sein, dann könnte dem allerdings eine weitausgreifende exemplarische Bedeutung zukommen.
Durch die Veranschaulichung des Leistungskomplexes Stiftung in seiner Eigenständigkeit zwischen den drei Machtsphären Staat, Eigentum und Mitgliedschaftsorganisationen wird ein Problembewußtsein geweckt, das mit den einzubeziehenden Realitäten in ihrer Gestaltbarkeit überhaupt erst die nötige eigene Überzeugungskraft zu gewinnen vermag. In der rechtsstaatlich-liberalen Gesellschaft des Westens kommt die Eigentumsverfassung unter kollektivistische Mediatisierungszwänge und im östlichen Europa vermag sich die Staatsparteimacht nicht zugunsten frei-gemeinnütziger Institutionen aus der Unternehmenssphäre zurückzuziehen. Damit dürfte die Verfassungsfrage in einem so weiten und zugleich so tiefgreifenden Sinne gestellt sein, daß sich daraus die Ortsbestimmung für eine Wissenschaft vom Stiftungswesen im Zusammenwirken aller rechts- und sozialwissenschaftlicher Disziplinen zu ergeben hat, wobei letztlich auch die Vorstellung von einem eigenen Philosophiekomplex Stiftungsidee und -struktur nicht abgewiesen werden sollte.

Hinweise

auf einige Veröffentlichungen des Verfassers zu besonderen Themen einer rechtspolitischen Beurteilung des Stiftungswesens.

Zu I–IV	Stiftungsrecht. Geltende Vorschriften und rechtspolitische Vorschläge. In Lieferungen ab 1962. Neufassung 1977, Baden-Baden. Dort befindet sich eine weit ausgreifende Literaturübersicht auf den Seiten 921 bis 934.
I 4e	Die Stimme der freien Wohlfahrtspflege vor dem Bundesverfassungsgericht, »Die innere Mission« 1967, S. 1 ff.
I 5b, I 3c	Funktionsträgerstiftungen, Personifizierte Spiritualität in der Rechtsordnung. Gideon-Spicker-Verlag, CH, Dornach 1977 (dort zu Hochschulneugründungen).
II 4d	Stiftung als neue Unternehmensform, Dortmund 1948, 2. Aufl. 1951 Braunschweig
II 4e	Unternehmen unter freigewählter Stiftungssatzung, 1956 Baden-Baden (Nomos)
II 4	Probleme zur rechtlichen Struktur von Stiftungsunternehmen, 1960 Baden-Baden (Nomos)
II 4	Stiftungsunternehmen, Gründermotive und Gestaltung, in »Tradition«, Göttingen 1959
II 3b II 4b, III 2d	Stiftungsgründungen aus Familienunternehmen, in »Recht und Besteuerung der Familienunternehmen«, D. Wiss. Steuerinstitut Bonn 1971/72.
II 2d	Der rechtsfähige Verein stiftungshafter Natur, NJW 1964, S. 2085
II 4a	Stiftungs- und Genossenschaftselemente in der Unternehmensverfassung, Arch.öff. Unternehmen. Bd. 3, Göttingen 1957
II 4a	Genossenschaft und Stiftung als Ordnungsstrukturen für Gesetzgebung und Rechtsgebildepraxis, Draheim – Festschrift, Göttingen 1968
II 4d III 3d/V 5c	Die Staatsunternehmen in verfassungsrechtlicher und unternehmenswirtschaftlicher Bedeutung, Tübingen 1954
II 5	Ordnungsaufgabe und Leistungsidee der Funktionsträgerstiftung, in »Deutsches Stiftungswesen 1966–1976« Arb.Gem. Deutscher Stiftungen, Tübingen 1977
I 3c II 5c	Wissenschaftliche Zeitschriften unter Stiftungsrecht. Abschirmung komplexer Leistungsgebilde. Mitteilungen des Hochschulverbandes 1980, VI, S. 335
II 5e III 5c, V 4b	Staatsbürger und Zeitgenossen im gesamtwirtschaftlichen Zurechnungsprozess. Vertrauensgewährleistung durch qualifizierte Mitkenntnis, Königstein Ts. 1982

I 4e, III 2 III 4,5 IV 2, V5c	Finanzrecht, Grundriß und System, Berlin 1975
V 2c	Warentest - Institut als zivilrechtliche Stiftung. Der Betrieb 1964, S. 1081 ff
V 2c	Stiftungsrechtliche Modelle für städtebauliche Sanierungsmaßnahmen. NJW 1971 S. 920
V 2c	Bau- und Planungsrecht, München, 1974
V 2a	Identitätswahrung im Umbruch der Systeme. Die Stunde Null 1945 im Salzgittergebiet, Salzgitter - Jahrbuch 1981
IV 4e	Die staats- und völkerrechtlichen Zulassungsprämissen der friedlichen Kernenergieverwendung, Berlin 1977
IV 4e	Die rechtlichen Probleme öffentlich propagierter und praktisch betätigter genetischer Manipulation, in »Menschenzüchtung«, Hrsg. Friedrich Wagner, München 1969
IV 4e	Zeitalterprägung und Standortbestimmung des personalen und des politischen Bewußtseins (bes. S. 79, 142 ff), Wiesbaden 1979

Ausgewählte Stichworte

zusätzlich zu den Gliederungsthemen

Georg Strickrodt

Stiftungsrecht

Geltende Vorschriften und rechtspolitische Vorschläge

1977, 2. überarbeitete Auflage, 959 S., 190,– DM

Inhaltsübersicht

VII. Die Stiftung im Steuerrecht

1. Die Stellung der Stiftungen im Besteuerungssystem
2. Die Besteuerung nichtgemeinnütziger Stiftungen
3. Die Gemeinnützigkeitserfordernisse
4. Die Gründung gemeinnütziger Stiftungen
5. Die laufende Besteuerung gemeinnütziger Stiftungen
6. Zuwendungen an Stiftungen
7. Bezüge aus Stiftungen
8. Familienstiftungen
   Die Stiftung in der Körperschaftsteuerreform
9. Gründungserwägungen und -verfahren
10. Internationaler Belastungsvergleich
11. Gesetzespolitik – Wege einer krisenbeständigen Gesetzgebung zum System der Stiftungsbesteuerung
12. Systematische Darstellung aktueller Themen des Steuerrechts in Stiftungszusammenhängen

VIII. Die Stellung der Stiftung in der Wirtschafts- und Gesellschaftsordnung

pr. Situationsbedingte und prinzipielle Erwägungen zum Stiftungswesen
   1. Vorbereitende Abgrenzungen
   2. Der Vorrang rechtlicher Gestaltung
   3. Der staats- und gesellschaftspolitische Rahmen
   4. Gemeinnützigkeitsbewährung
   5. Der stiftungsrechtlich zu würdigende Bereich fremdnütziger Leistungsträger
1. Eigentumsfunktionen und Eigentumsgesinnung
2. Die gesetzliche Erbrechtsordnung
3. Das Konzentrationsproblem
4. Unternehmensleistungen im Spannungsfeld von Vermögensinteressen und Entscheidungsverantwortung
5. Soziale Beteiligungsverhältnisse
6. Lenkungsfunktionen im Wirtschaftsablauf
7. Politische Verantwortung und autonome Bereiche
8. Gewährleistungen der Rechtsordnung
9. Motive und Projekte gesellschaftspolitischer Reformen
10. Stiftungen im Dienste der Freiheit des Geisteslebens

Exkurs (1) – (17)

IX. Probleme der Neuordnung des Stiftungsrechts

Fragen der Rechtseinheit – Synoptische Darstellung der wesentlichen Vorschriften des geltenden Rechts

A. Der Geltungsbereich der Landesgesetzgebung
B. Die Rechtsstellung bestehender Stiftungen
C. Feststellung der Rechtsnatur einer Stiftung
D. Die Achtung vor dem Stifterwillen
E. Die Unterscheidung nach Stiftungsarten
F. Stiftungsverfassung
G. Genehmigungsverfahren
H. Organe der Stiftung und Stiftungsaufsicht
I. Vermögensverwaltung
K. Änderungen der Stiftungsverfassung
L. Zusammenlegung und Aufhebung von Stiftungen
M. Stiftungspublizität
N. Probleme der Stiftungsaufsicht
O. Vorläufiger Abschluß der landesrechtlichen Kodifikationen

X. Materialien

1. Gesetzestexte

A. Bürgerliches Recht
B. Landesstiftungsgesetze
C. Öffentliches Recht
D. Verwaltungsanweisungen
E. Steuerrecht

2. Satzungen

Nomos Verlagsgesellschaft
Postfach 610 · 7570 Baden-Baden

Schriftenreihe zum Stiftungswesen

Herausgegeben vom Stiftungszentrum im Stifterverband
für die Deutsche Wissenschaft

2 *Schiller, Theo;* Stiftungen im gesellschaftlichen Prozeß – Ein politikwissenschaftlicher Beitrag zu Recht, Soziologie und Sozialgeschichte der Stiftungen in Deutschland, *1969, 233 S., 35,– DM*

4 *Erb, Gerald;* Sammelvermögen und Stiftung – Ihre Verknüpfung nach englischem und deutschem Recht, *1971, 228 S., 52,– DM*

5 *Neuhoff, Klaus / Pavel, Uwe;* Stiftungen in Europa, *1971, 360 S., 48,– DM*

6 *Heintzeler, Frank;* Der Fall Zeiss – Die in- und ausländische Rechtsprechung und das Problem der stiftungsrechtlichen Identität, *1972, 193 S., 54,– DM*

7 *Flitner, Hugbert;* Stiftungsprofile – Bericht aus der Arbeit amerikanischer und europäischer Stiftungen, *1972, 186 S., 49,– DM*

8 *Totenhöfer-Just, Gerald;* Öffentliche Stiftungen – Ein Beitrag zur Theorie der intermediären Finanzgewalten, *1973, 160 S., 39,– DM*

9 *Hahn, Ottokar / Schindler, Ambros;* Die Besteuerung der Stiftungen – Mit besonderer Berücksichtigung der wirtschaftlichen Stiftungen, *2. völlig neu bearb. und erw. Aufl. 1977, 208 S., 57,– DM*

10 *Neuhoff, Klaus / Schindler, Ambros / Zwingmann, Hans-Jürgen;* Stiftungshandbuch, *1983, 384 S., 49,– DM*

11 *Vieregge, Henning von;* Parteistiftungen – Zur Rolle der Konrad-Adenauer-, Friedrich-Ebert-, Friedrich-Naumann- und Hanns-Seidel-Stiftung im politischen System der Bundesrepublik Deutschland, *1977, 322 S., 93,– DM*

Die Werke erscheinen alle im Format 15,3 x 22,7 cm und einem Salesta-Einband fadengeheftet broschiert bzw. gebunden.

Nomos Verlagsgesellschaft
Postfach 610 · 7570 Baden-Baden

Schriftenreihe zum Stiftungswesen
Herausgegeben vom Stiftungszentrum im Stifterverband
für die Deutsche Wissenschaft

Klaus Neuhoff/Ambros Schindler/Hans-Jürgen Zwingmann Band 10

Stiftungshandbuch

306 große gemeinnützige Förderstiftungen und stiftungsähnliche Institutionen der Bundesrepublik Deutschland präsentieren sich mit ausführlichen Informationen über ihre Struktur und ihre Aktivitäten in dem neuen vom Stifterverband für die Deutsche Wissenschaft herausgegebenen »Stiftungshandbuch«.
In das Handbuch aufgenommen wurden Stiftungen mit einem Vermögen von jeweils 1 Million DM und mehr oder jährlich zur Verfügung gestellten Mittel von 50 000 DM und mehr. Die Stiftungszwecke umfassen das gesamte Spektrum gemeinnütziger Aktivitäten, sind also nicht auf die Wissenschaftsförderung beschränkt.
Neben den Stiftungsporträts enthält das Handbuch im Anhang Hinweise auf weitere Förderungsmöglichkeiten, insbesondere durch Unternehmensstipendien, Universitätsstiftungen und kommunale Stiftungen, ferner eine ausführliche statistische Auswertung. Daraus geht hervor, daß die verzeichneten Stiftungen im Erhebungsjahr 1979 ein Vermögen von rund 6,5 Milliarden DM und Einnahmen von rund 1 Milliarde DM auf sich vereinigten. Sie stellten Fördermittel in Höhe von rund 900 Millionen DM bereit.
Zum Gesamtvermögen der Stiftungen tragen zwölf Großstiftungen (100 Millionen DM oder mehr als Vermögen) insgesamt 4,6 Milliarden DM (71%) bei. Das neue Stiftungshandbuch löst die 1969 vom Stifterverband herausgegebene Publikation »Deutsche Stiftung für Wissenschaft, Bildung und Kultur« ab.

1983, 384 S., 15,3 x 22,7 cm, Salesta brosch., 49,– DM
ISBN 3–7890–0712–9

Nomos Verlagsgesellschaft
Postfach 610 · 7570 Baden-Baden